유머 게릴라

유머게릴라

엮은 이 · 오투 | 김형준 | 홍택상 | 이지명 | 이홍희
펴낸 이 · 임종대
펴낸 곳 · 미래문화사

초판 1쇄 인쇄 · 2006년 6월 19일
초판 1쇄 발행 · 2006년 6월 23일

등록 번호 · 제3-44호
등록 일자 · 1976년 10월 19일
주소 · 서울시 용산구 효창동 5-421 1F
전화 · 715-4507 / 713-6647
팩시밀리 · 713-4805

E-mail · miraebooks@korea.com
          mirae715@hanmail.net

ⓒ2006, 미래문화사
ISBN 89-7299-324-7 03810

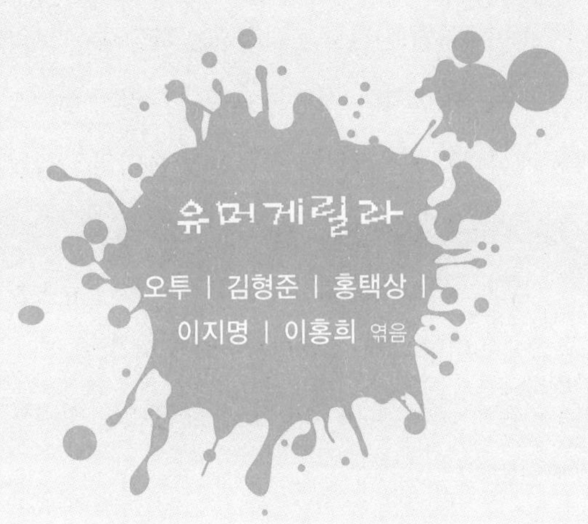

미래문화사

안녕하세요.

이렇게 책으로 여러분과 만날 수 있는 기회가 마련되어 무척 기쁩니다.

요즘 들어 유머의 위상이 많이 바뀌고 있음을 실감하고 있습니다.

얼마 전까지만 해도 유머가 가벼운 농이나 혹은 실없는 말장난으로 폄훼되는 경우가 많았는데 요즘은 건강을 지켜주는 가장 좋은 보약으로, 생활에 활력을 불어 넣어주는 에너지로, 사업을 원활히 이끌어 주는 마케팅의 기술로, 대인관계를 개선시켜주는 테크닉으로, 등등 유머의 장점들이 크게 부각되면서 새롭게 조명되고 있습니다.

이제 유머가 이렇듯 제대로 된 평가를 받아가고 있어 유머를 사랑하는 한 사람으로서 정말이지 더할 나위 없이 다행스럽게 생각합니다.

이런 시대의 흐름에 맞춰《유머 게릴라》는 태어났고, 여러분의 사랑을 받아 쑥쑥 자라고 있습니다.

《유머 게릴라》는 2년 전, 인터넷 카페에서 처음 여러분과 만났습니다.

《유머 게릴라》라는 독특한 이름은 1대 매니저인 한메산 님께서 카페 이름을 고민하다가 우리를 주눅들게 하고 억압하는 사회의 온갖 스트레스와 부조리에 당당히 웃음으로 맞서 싸우자는 취지에서 그렇게 짓게 되었는데 지금은 많은 분들이 좋아하는 이름이 되었습니다. ㅎ~ 그간 여러 우여곡절도 있었지만 많은 분들이 힘을 모으고 열심히 활동해주셔서 이제는《유머 게릴라》가 어엿한 네이버 대표카페로까지 성장하게 되었군요.

그만큼 막중한 책임감을 느끼게 되지만 때문에 더 열심히 해나겠습니다. 일상에 지치고 힘들어 하는 많은 분들께 청량제 같은 웃음과 희망, 그리고 인간과 인간 사이에서 따스한 정을 느낄 수 있는 공간이 되어야 하니까요.

웃음에 관해 철학적인 고찰까지는 아니더라도 웃음이 무엇인지 한번 진지하게 생각해볼 기회가 있었으면 합니다. 웃음에는 우리가 아는 그 이상의 신비한 마력이 있으니까요.

이제 그간 카페를 통해 많은 분들이 좋아하셨고, 추천하셨던 글들을 모아 책으로 엮어내면서 이 책이 여러분께 바로 그런 의미로 다가갔으면 하는 바람을 가집니다.

'가장 멋진 삶은 유머러스한 삶이다!' 라는 말이 있는데 공감이 크네요. 여러분도 앞으로 웃음과 여유를 갖고 행복한 삶을 꾸려가시기 바랍니다. 《유머 게릴라》도 여러분의 옆에서 웃음을 충전시켜드리는데 제역할을 다하겠습니다.

그리고 이 자리를 빌려 카페의 발전을 위해 최선을 다해주시는 여러 스탭분들과 가족분들께 다시 한번 진심으로 고마움의 뜻을 표합니다.

감사합니다. 여러분 행복하세요~

카페 매니저 오투 올림

차 례

제2부 어떤 대화

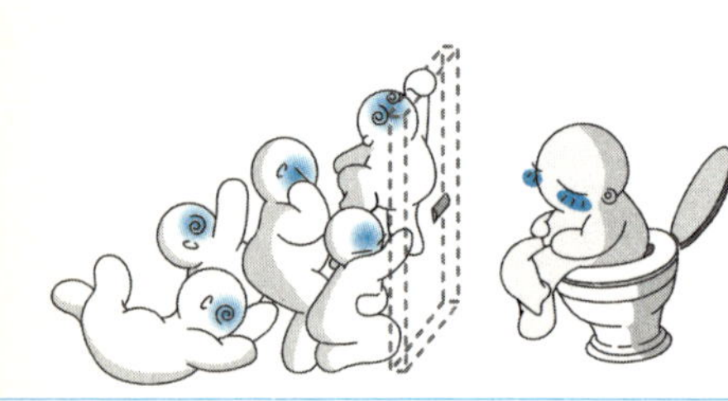

제3부 짧은 유머

제4부 엽기 한자

제1부

HUMOURGUERILLAHUMOURGU

웃음의 효과

웃는 것, 그 자체가 행복이다.
만일 지푸라기가 당신을 간질여 웃게 했다면
그것이 행복의 도구다.
- J. 드라이든

머피의 법칙

치통의 법칙 : 치통은 병원이 문 닫는 토요일 오후부터 시작한다.

라디오의 법칙 : 라디오를 틀면 언제나 제일 좋아하는 노래의 마지막 부분이 흘러 나온다.

미용실의 법칙 : 헤어스타일을 바꾸려고 작정하면 사람들이 갑자기 스타일이 멋지다고 한다.

전화의 제1법칙 : 펜이 있으면 메모지가 없고, 메모지가 있으면 펜이 없고, 펜과 메모지가 다 있으면 메모할 일이 없다.

전화의 제2법칙 : 전화번호를 잘못 눌렀음을 깨닫는 순간, 상대방이 통화 중인 경우는 없다.

편지의 법칙 : 기가 막힌 문구가 떠오를 때는 편지를 봉한 직후다.

바코드의 법칙 : 사면서 좀 창피하다는 생각이 드는 물건일수록 계산대에서 바코드가 잘 찍히지 않는다.

버스의 법칙 : 버스 안에서 간만에 듣는 좋은 노래가 나올라 치면 꼭
안내방송이 나온다.

쇼핑백의 법칙 : 집에 가는 길에 먹으려고 생각한 초콜릿은 언제나
쇼핑백의 맨 밑바닥에 깔려 있다.

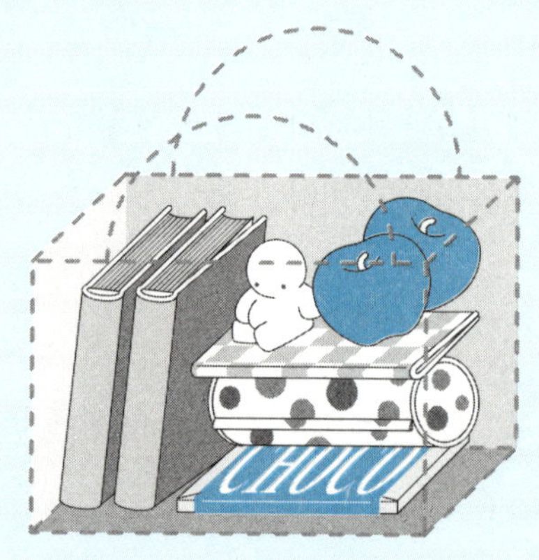

인체의 법칙 : 들고 있는 물건이 무거울수록, 그리고 옮겨야 할 거리
가 멀수록 코는 그만큼 더 가렵다.

코골이의 법칙 : 코를 심하게 고는 쪽이 꼭 먼저 잔다.

노래방의 법칙 : 잘 보이고 싶은 그와 함께 노래방에 같이 갈 확률과
노래 부를 때 삑사리가 날 확률은 정비례한다

커플과 솔로 차이점

행복커플 : 커플링을 한다.
폐인솔로 : 츄리링(?)을 입는다.

행복커플 : 커플사진을 찍으면서 배경화면으로 저장해 놓는다.
폐인솔로 : 휴대폰이 되는지 한번씩 만져본다.

행복커플 : 얼굴만 보고 있어도 1시간은 기본이다.
폐인솔로 : 벽지의 그림을 맞추면서 놀아도 시간이 안 간다.

행복커플 : 숫자에 민감하다. 100일, 생일, 발렌타인데이....등등
폐인솔로 : 오늘이 며칠인지도 모른다. Windows98을 보면 98년이라고 착각할 때

도 있다. 〈설마_-〉

행복커플 : 영화프로를 줄줄이 외운다.
폐인솔로 : TV프로를 줄줄이 외운다.

행복커플 : 다정한 커플들을 보면 자신들도 그렇게 될 수 있다고 생각

한다.
폐인솔로 : 다정한 커플들을 보면 달려가서 때려 주고 싶어 한다.

행복커플 : 주위 사람들에게 부러움을 받는다.

폐인솔로 : 주위 사람들에게 호기심을 받는다.

행복커플 : 반나절 이상을 파트너와 함께 보낸다.

폐인솔로 : 반나절 이상을 TV, 컴퓨터와 함께 보낸다.

행복커플 : 하루하루가 다르다. 오늘 영화보기..내일 놀이동산 가기...등등

폐인솔로 : 하루하루가 똑같다. TV보구..컴퓨터하구..먹구..자구..또 지치면 잔다=_=

행복커플 : 2세를 꿈꾼다.

폐인솔로 : 자면서 꿈을 꾼다.

행복커플 : 깨지지 않는 한 영원하다.

폐인솔로 : 꼬시지 않는 한 영원하다.

당신의 선택은...?

첫 번째 질문

어떤 여인이 임신 중이고, 현재 8명
의 아이들을 키우고 있다. 그 중 셋
은 귀머거리이고, 둘은 장님이며, 한
명은 정신지체아였다. 또한 그녀는
매독(뭔지는 아시져? 모르시나? 에이즈같은
성병이에여.)에 걸려 있는데... 그녀는 낙태를 해야 할까요?

두 번째 질문

전세계를 이끌어갈 지도자를 뽑아야 할 때입니다. 여기 3명의 후보들
에 대한 신상명세서가 있습니다.

〈후보 A〉

부패한 정치인들과 결탁한 적이 있고, 중요한 결정은 점성술로 결정
하며, 두 명의 부인이 있고, 줄담배를 피우고, 하루에 8내지 10병의 마
티니를 마신다.

〈후보 B〉

두 번이나 회사에서 짤린 적이 있으며, 정오까지 잠을 자고, 대학시절
마약을 복용한 적도 있고, 위스키 4분의 1을 마신다.

<후보 C>

전쟁 영웅이다. 채식가였으며, 담배도 안 피우고, 경우에 따라서 맥주를 가끔 마신다. 불륜관계 또한 가져본 적이 없다.

어떤 후보를 택하셨습니까?

당신이 선택하고 선택하지 않은 사람들은 다음과 같습니다.

후보 A : Franklin D. Roosevelt루즈벨트

후보 B : Winston Churchill윈스턴 처칠

후보 C : Adolph Hitler아돌프 히틀러

그렇다면 첫 번째 질문의 경우는 어떤가요?

만약 당신이 낙태에 대해 yes라고 대답했다면,,,

당신은 <베토벤>을 죽였습니다.

순간순간 우리는 수많은 선택을 합니다.

당신의 잘못된 결정에 혹시 모르는 상처를 받는 사람이 있을지도…

그리고 당신이 옳다고 여기고 최선이라고 생각하는 것이

결코 그렇지 않을 지도 모른다는 사실…

늘 생각하고 있어야 합니다.

21세기 금도끼 은도끼 이야기

어느 이름 없는 산속에서 나무를 하던 나무꾼이 실수로 그만 도끼를 연못
에 빠뜨렸다.

옛날
10:00 나무꾼이 연못에 도끼를 빠뜨렸다. 엉엉 울었다.

10:01 연못에서 산신령이 금도끼를 들고 나타났다.
　　　　“이 금도끼가 니 도끼냐?”
　　　　“아닙니다.”

10:02 산신령이 연못으로 들어갔다.

10:03 산신령이 은도끼를 들고 나타났다.
　　　　“이 은도끼가 니 도끼냐?”
　　　　“아닙니다.”

10:04 산신령이 다시 연못으로 들어갔다.

10:05 산신령이 이번엔 쇠도끼를 들고 나타났다.
　　　　“이 쇠도끼가 니 도끼냐?”

"네! 그 쇠도끼가 제 도끼입니다."

"어허! 착한 백성이로고! 내 너의 정직함이 기특하여 이 금도끼
와 은도끼도 다 주겠노라!"

10:07 나무꾼이 산신령으로부터 금도끼와 은도끼와 쇠도끼를 받았다.

※ 소요시간 : 7분

※ 비 용 : 7분동안 나무 못함.

※ 수 확 물 : 도끼 찾음 + 금도끼, 은도끼 공짜로 얻음.

20세기 말

10:00 나무꾼이 연못에 도끼를 빠뜨렸다. 휴대폰을 꺼내 전화를 걸었
다.

10:01 전국 산신령협회에서 운영하는 700-5370(오!산신령)입니다. 본
정보에 관한 문의는 02)123-4567로 하시기 바랍니다.
본 정보는 삐소리가 난 후부터 30초당 90원과 별도로 부가세가
부과되오니 원치 않으시면 끊어주십시오.

~ 삐 ~

안녕하세요. 본 정보는 전국산신령협회에서 운영하는 정보로

서 본 정보를 통해 산신령에 관한 각종 문의와 도움 요청 등을 하실 수가 있습니다.

전국 산신령협회는…어쩌구저쩌구…주절주절…나불나불…(중략)
귀하의 주민등록번호 13자리와 #을 눌러주십시오.

- 123456-7891011 #

귀하가 누르신 번호는 123456-7891011입니다. 맞으면 1번, 틀리면 2번을 누르신 후 #을 눌러주십시오.

- 1 #

귀하의 전화번호를 지역번호와 함께 눌러주십시오.

- 012)345-6789 #

귀하가 누르신 번호는

012)345-6789입니다. 맞으면 1번, 틀리면 2번을 눌러주십시오.

- 1 #

10:10 다음을 들으시고 원하시는 서비스 버튼을 눌러주십시오. 산신령이 되고 싶으시면 1번, 백일기도 문의는 2번, 아들 점지를 원하시면 3번, 꿈 해몽은 4번 …… 도끼를 연못에 빠뜨린 분은 10번을 누르시고 #을 눌러주십시오.

- 10 #

도끼를 잃어버리신 산을 선택해 주십시오. 한라산은 1번, 지리산은 2번, 설악산은 3번, 속리산은 4번, 오대산은 5번, 소백산은 6번,…… 관악산은 78번,…… 서울 남산은 99번, 기타 산은 100번을 누르시고 #을 눌러주십시오.

- 100 #

10:30 귀하는 기타 산을 선택하셨습니다. 상담 산신령을 연결해 드리

겠사오니 자세한 산의 위치와 모양새, 연못의 위치 등을 직접 설명해 주시기 바랍니다.

띠리리리리 띠리리리 ♩♫♪♪♫

죄송합니다. 상담전화가 폭주하여 상담 산신령을 연결할 수가 없습니다. 잠시만 기다려 주십시오.

띠리리리리 띠리리리 ♩♫♪♪♫

죄송합니다. 상담전화가 폭주하여 상담 산신령을 연결할 수가 없습니다. 잠시만 기다려 주십시오.

띠리리리리 띠리리리 ♩♫♪♪♫

10:50 네! 상담 산신령 〈흰수염〉입니다. 말씀해주십시오.

10:51 "네...제가 어디어디에 이렇게저렇게 생긴 산에서 나무를 하다가 요기요기에 있는 연못에 도끼를 빠뜨렸습니다. 좀 건져주십시오."

- 네! 가까이 있는 산신령에게 연락하여 곧 보내드리도록 하겠습니다.

12:00 연못에서 산신령이 나무꾼의 도끼를 들고 나왔다. 나무꾼은 도
     끼를 받았다.

※ 소요시간 : 2시간

※ 비용 : 핸폰요금 + 정보이용료 약 10,000원 + 2시간동안 나무 못함.

※ 수 확 물 : 도끼 찾음

21세기 초

10:00 나무꾼이 연못에 도끼를 빠뜨렸다. 나무꾼은 노트북을 꺼내들
     었다.

10:01 노트북을 켰다.

     무선인터넷 접속을 하였다.....접속 실패.

     다시 접속을 시도하였다...... 접속 실패.

     다시 접속을 시도하였다...... 접속 실패.

     가까스로 접속되었다

10:10 익스플로러를 열었다.

     www.mountgod.co.kr에 접속하였다.

     접속이 되는 순간, 컴이 서 버렸다.

     Ctrl + Alt + Del

10:15 프로그램 종료 대화상자를 표시하는 중입니다. 대화상자가 나
타날 때까지 기다리거나 시스템을 다시 시작할 수 있습니다.
windows로 돌아가서 기다리려면 아무 키나 누르십시오.

- 아무 키

시스템이 사용 중이거나 불안정합니다. 사용가능해질 때까지
기다리거나 시스템을 다시 시작할 수 있습니다.
windows로 돌아가서 기다리려면 아무 키나 누르십시오.

- 아무 키

치명적인 오류가 xxxxxxxxx에 발생하였습니다.

10:20 컴을 재부팅하고 다시 접속을 시도하였다.

접속 성공.

익스플로러를 열고 www.mountgod.co.kr을 쳐 넣었다.

10:25 페이지를 표시할 수 없습니다.

검색한 페이지는 현재 사용할 수 없습니다.

웹 사이트에 기술적인 문제가 있거나 브러우저의 설정을 변경

하시기 바랍니다. 다음을 시도하십시오.

.... 이하 잡소리 .....

10:40 이 페이지를 표시할 수 없습니다.

지금 웹 사이트에 액세스하고 있는 사람이 너무 많습니다.

다음을 시도하십시오. .... 이하 잡소리 .....

- 새로 고침 .

이 페이지를.... 이하 헛소리 ....

10:50 드뎌 연결 성공.

〈도끼찾기〉메뉴를 클릭.

회원 가입 후 로그인 하시기 바랍니다.

- 회원 가입...클릭

10:59 아래의 이용 약관을 반드시 읽어보시기 바랍니다.

- 이용 약관 ...... 국민교육헌장보다 훨씬 더 길다.

약관 다 읽고 동의...클릭

다음의 아이디 및 이용자 정보를 등록하여 주십시오.

- 아이디 : 중복 확인 :

- 비밀번호 :

- 비밀번호 확인 :

- 성명 :

- .... 등등 .....

- 가입 확인...클릭

11:20 나무꾼(woodcut)님. 산신령나라에 오신 것을 환영합니다.

- 도끼 찾기...클릭

본 메뉴는 유료회원 전용입니다.
유료회원으로 전환하시겠습니까?

네...클릭

...이러쿵 저러쿵...
3개월 45,000원

결재수단을 선택하십시오.
1. 휴대폰
2. 신용카드]

- 확인...클릭

- 도끼찾기...클릭

11:40 도끼를 연못에 빠뜨리신 분은 해당 산의 게시판에 자세한 사항
　　　과 연락처를 남겨주십시오. 담당 산신령이 신속히 조치해 드리
　　　겠습니다. 단, 도끼 우송비용은 이용자 부담입니다.

　　　- 게시판 클릭

　　　'저는 언제, 어디서 도끼를 잃어버린 우매한 나무꾼입니다. 유
　　　일한 제 생계수단이오니 제발 찾아주시기 바랍니다.'

　　　- 주소 :
　　　- 연락처 :

12:00 전송 완료

이틀 후 택배로 도끼 도착...

※ 소요시간 : 2박 3일
※ 비 용 : 유료 가입비 45,000원 + 택배요금 25,000원 + 2박 3일간 일 안 하고 술
　　　만 먹음.
※ 수확물 : 도끼 찾음.
※ 참고 : 김서방네 대장간에서 도끼 한 자루 30,000원에 팜.

아루마루 모놀로그
- 용기

글/한메산
그림/고훈

포기한다면 그건 젊음이 아니다.

세계 유명한 거짓말

▲ 1981년 빌 게이츠는 이런 말을 했다.

“메모리 640KB 정도면 충분하고도 넘치는 용량이다.”

20년이 흐른 지금 대부분의 컴퓨터 사용자들은 당시 빌 게이츠가 ‘호언’ 한 메모리의 40배가 넘는 용량을 사용 중이다. 컴퓨터 황제의 이 무식한(?) 발언에 놀랄 수도 있겠지만 사실 동서고금을 막론하고 미래에 대한 빗나간 예견은 무수히 많다.

▲ 1992년 모 TV 프로그램에서 서태지와 아이들의 데뷔곡을 들은 〈수마니〉가 말했다.

“멜로디가 부족하군요. 음도 불안하고……. 가요계는 만만한 곳이 아닙니다.”

▲ 1950년께 맥아더 장군이 6 · 25 전쟁으로 폐허가 된 서울을 돌아보며 말했다.

“이걸 복구하는 데 최소 100년은 걸릴 것이다.”

▲ 1982년 맥 라이언이 영화 〈귀여운 여인〉 캐스팅을 거부하며 말했다.

“너무 진부하고 정말 상투적이군요. 이런 류의 영화는 얼마든지 있다구요.”

▲ 1962년 카를로 리틀이 전설적인 Rock Band '롤링 스톤스'의 드러
머 제의를 거절하며 말했다.
"너희에겐 미래가 없어."

▲ 1888년 존 펨버턴 의사 겸 코카콜라 발명가가 코카콜라 제조법을
헐값에 팔며 말했다.
"이건 그냥 소화제일 뿐입니다."

▲ 1994년 마이크로 소프트가 짐 클락과 마크 앤드리슨이 공동 개발
한 넷스케이프 1.0의 무료 공개판을 보고 평했다.
"정말 쓸 데 없는 짓을 하고 있군. 지금 인터넷을 얼마나 이용한다
고……."

▲ 1992년 킴 베신저가 영화 〈원초적 본능〉 캐스팅을 거부하며 말했다.
"이건 너무 난잡해요. 이런 영화가 인기를 끌 것 같나요?" 이 영화
에 출연한 샤론 스톤은 폭발적 인기를 구가하며 할리우드 최고 스
타로 등극했다.

▲ 1931년 한 출판업자가 펄 벅의 〈대지〉 원고를 거절하며 말했다.
"미국 사람들은 중국 냄새가 나는 것에는 관심을 갖지 않아요."

▲ 1912년 E.J 스미스 선장이 타이타닉 호의 출항을 앞두고 말했다.

"타이타닉은 얼마나 튼튼한지 하느님조차 이 배를 침몰시킬 수 없을 것이다."

▲ 1963년 미 과학처 관계자가 마우스 발명가인 '더글러스 엔젤바트'의 마우스 개념을 듣고 말했다.
"무슨 소리야? 누가 그따위 기계를 쓰겠는가? 여기에 투자하는 건 미친 짓이야." 전 세계 4억 네티즌이 지금 이 순간도 마우스로 인터넷을 뒤지고 있다. 물론 당신도…….

멋진 할리 씨

옛날에 했던 이홍렬쇼에서 였을 것입니다. 그날의 게스트는 로버트 할리와 이다도시였구요.

음식 만드는 코너에서 이홍렬이 할리에게 물었죠.

홍렬 : 할리 씨는 보신탕 드셔 보셨어요?

할리 : 당연히 무그바찌예, 억씨로 맛있었쓰예~.

이다 : 경멸하는 눈으로 오… 그걸 어떻게 먹어요 ?

할리 : 맛있기만 하든데예, 머.

홍렬 : 몇 번 먹어 보셨나요 ?

할리 : 마이 무그봤으예. 우리 장모님이 여름되면 마이 해주지예 !

이다 : 째려보며 개를 어떻게 먹을 수 있죠 ? 오~ 마이갓 !

할리 : 즈그들은 달팽이도 묵으면서 남 개 묵는 거 가꼬 난리고?

이미 이홍렬은 웃느라 뒤로 넘어간 상태였다.

이다 : 개는 우리의 친구에요.

　　　그걸 어떻게 먹어요 ?

이때 할리의 명언 한 마디……

"달팽이도 우리의 친구지예~"

희귀한 성씨

혹시 여러분들 중에 이런 성씨 가지고 계신 분……!

1. 강전岡田 : 51명 남 17명, 여 34명

2. 개介 : 86명 남 37명, 여 49명

3. 경京 : 1명 여1명

4. 교橋 : 41명 남 15, 여 26명

5. 군君 : 46명 남 18명, 여 28명

6. 난欒 : 80명 남28명, 여 52명

7. 내奈 : 63명 남 28명, 여 35명

8. 뇌賴 : 12명 남 9명, 여 3명

9. 뇌雷 : 80명 남44명, 여 36명

10. 누樓 : 24명 남 8명, 여 16명

11. 단端 : 34명 남 16명, 여 18명

12. 담譚 : 57명 남 31명, 여 26명

13. 돈敦 : 21명 남 9명, 여 12명

14. 망절網切 : 10명 남 6명, 여 4명

15. 묘苗 : 61명 남 27명, 여 34명

16. 비조 : 90명 남 26명, 여 64명

17. 빙氷 : 1명 여 1명

18. 삼森 : 49명 남 17명, 여 32명

19. 삼杉 : 2명 남 2명

20. 소봉小峰 : 18명 남 4명, 여 14명

21. 소肖 : 1명 여 1명

22. 수洙 : 75명 남 33명, 여 42명

23. 순順 : 38명 남 8명, 여 30명

24. 십(*) : 82명 남 27명, 여 55명

25. 어금(魚金) : 51명 남 24명, 여 27명

26. 영(榮) : 86명 남 28명, 여 58명

27. 영(影) : 41명 남 15명, 여 26명

28. 예(乂) : 1명 여 1명

29. 우(宇) : 1명 남 1명

30. 운(芸) : 68명 남 27명, 여 41명

31. 원(苑) : 5명 남 5명

32. 장곡(長谷) : 52명 남 18명, 여 34명

33. 저(邸) : 48명 남 13명, 여 35명

34. 준(俊) : 72명 남 27명, 여 45명

35. 즙(*) : 4명 남 3명, 여 1명

36. 증(增) : 3명 남 3명

37. 증(曾) : 3명 남 1명, 여 2명

38. 초(肖) : 70명 남 25명, 여 45명

39. 초(初) : 45명 남 26명, 여 19명

40. 춘(椿) : 77명 남 26명, 여 51명

41. 후(后) : 31명 남 17명, 여 14명

42. **후(候) : 83명** 남 32명, 여 51명

(2000년 통계청 조사한 자료. 가나다 순)

자료 찾아 일일이 뽑아내는 게 그리 쉽지만은 않더군요. 흐~‥;;
이밖에도 곡曲, 궉(＊), 동방東方, 매梅, 묵墨, 엽葉, 판判씨 등이 100~300
명 정도 있었습니다.

1.설마기

아직은 솔로가 자유롭게 느껴진다.

상황을 파악하지 못하고 '운명적인 사랑'을 철석같이 믿고 있다.

내가 찍은 사람도 친구가 원한다면 밀어준다.

2.아차기

정신 차려보니 20대 후반.

폭탄만 아니라면 된다는 생각에 불안해진다.

소개팅, 미팅이라는 말만 나와도 미친다.

3.분노기

커플들이 미워지기 시작한다.

둘이 손잡고 가는 모습만 봐도 그 사이로 지나가 두 사람을 갈라놓고
싶다.

4.명랑기

갑자기 명랑해진다.

너무 울다가 실성해서 웃기도 한다.

혼자 영화보기, 혼자 음악듣기 등 혼자놀기의 진수를 보여준다.

행여나 버스 옆자리에 이성이 앉으면 불안해진다. .

5.득행기

차분해진다.

자신의 문제점을 알고 부질없는 노력을 거둔다.

아직도 상황 파악 못하고 운명적 사랑을 기다리는

어리석은 솔로들에게 나아갈 길을 제시하는 선지자가 된다.

주말마다 결혼식에 찾아 가서 뷔페 먹으며 커플들을 애도한다.

당신은 지금 몇 단계신가요?

자취방에서 살아남기

이 이야기는 어느 지방 소도시에서 대학 다니며 처절하게 살았던 내
친구들의 전설에 관한 것이오.

난 그때 삶의 회의를 느끼구 방황하던 때였소.

왜 방황했냐곤 묻지 마시오.

나는 지금도 그 이유를 모릉께...-;;

우쨌든 그 친구 자취방에 며칠간 묵으면서 겪은 일이오.

그 자취방엔 내 친구 둘이 살고 있었소.

그넘 둘이 함께 살게 된 것두 순전히 한 넘의 계략이었소

한 넘이 먼저 그 대학에 갔고

나머지 한 넘이 뒤늦게 다음 해에 그 대학에 가게됐는데

이 먼저 간 넘이,

'따로 방잡으면 비싸다, 그냥 같이 살자' 꼬서서믈랑에

그넘 1년치 하숙비를 둘이서 한 달여만에 작살낸 것이오.

멍청한 넘덜...-;;;...한 달만에...

나같으믄 아껴서 몇달은 갔을 텐디...-;;

각설하구... 그넘덜은 .... 한 넘(이하 A)은 그 대학 주간이었구

한 넘(이하 B)은 야간이었소.

그런고로... A가 오전에 학교 갔다가 오후 느즈막에 오믄

B는 오후 느즈막에 학교에 가서 밤에 오곤하였소.

눌론...제내루 학교만 갔다가 올 때의 이바구요......-;;

우쨌든 두 넘은 같이 살면서두 맨날 시간대가 안 맞구

둘다 오지게 술만 쳐묵꼬 다니느라 그리 됐던 것이오.

때문에 서로 깨어 있을 때는 잘 마주치지 못했소.

난 결국 두 넘과 같이 며칠 지내면서두 두 넘과 같이는 거의 있어보지

못하구 각각 독대하여 술마시는 경우가 더 많았소.

우라질..--;; 술값이 두 배요.

그러던 어느 날, 드뎌 이노무 자취방에 쌀이 떨어진 거요.

마침 나도 거의 돈이 떨어진 상태였고...--;;...

학생이 돈이 어딨나..--;;

헐......--;;.... 이넘덜 인쟈부텀 생존겜에 들어간 것이오.

1. 쌀 떨어진 첫날

A가 오전에 주린 배를 움켜잡고 학교를 갔고

B는 오후에 일어나....조용히 냉동실을 여니

온갖 잡다한 것덜.

구석에서.. 꽁꽁 언 밥을 꺼내어... 뜨건 물에 녹여....

고추장에 비벼먹고 갔소....--;; 나쁜 넘...--;;

물론... 나더 옆에서 같이 먹었소.

먼저 간 A한테는 비밀로 하기로 하구...--;;

아~ 이렇게 살아야하나........--;;

난 남은 돈을 쪼개구 쪼개서 그넘덜 없을 때

라면 한 개 더 끓여 먹었소.......--;;

뭐... 그넘덜은 각자..빈대붙어서 각각 밖에서

그날 끼니를 때운 것 같았소...--;;

2. 쌀 떨어진 지 둘째 날

오전에 A가 학교로 향하는 걸 확인한 B는

이번엔 밖에 있던 먼지 쌓인 운동화 안에서

비닐에 꼬깃꼬깃 싸인 밥 한 덩어릴 가져 오는 것이오....--;;

아...........--;;......맛나더군........--;;........

정말 시장이 반찬이오....--;;

3. 쌀 떨어진 지 셋째 날

A가 눈치를 챈 것 같소.........--;;

어제 밥묵꼬 설거지를 대충 하는 바람에 그만

그넘이 나와 B를 방에 가두고 뒤지기 시작했소...--;;

물론 무쟈게 우리에게 캐묻기두 했소......--;;

이런 샤끼들... 느그만 입이냐?..!!... 밥 숨겨놨지?.....

.!!........

우린 끝까정 잡아뗐소.... 우린 결백하다...

먹은 적 없다.....!!

A는 끝까지 뒤졌지만 증거가 나오지 않자

제풀에 지쳐 포기했소.....--;;

휴~ 걸릴 뻔했다--;;. 그런 중에도..B의 야릇한 미소란……

4.쌀 떨어진 지 넷째 날

A는 점점 죽어가고 있었소. --;;해쑥한 게...

지 말루는 과 친구덜에게 빌붙어 먹는 것두 힘들다 하오.

허긴 군대까정 갔다와 늘그막에 학교 왔으니

다들 지보다 어린데 맨날 얻어먹긴...--;;

.... 무쟈게 창피하고 힘들 것이오.

우쨌든 그넘은 그넘이구......--;;.. 우린 살아야했소....--;

B는 A가 학교로 가자.

컴터 본체를 분해하기 시작했소.......--;;

헉...이런 교활한 넘.........--;;

두 손 두 발 다 들었소.......--;;

내가 불까바...... 나헌티꺼정 비밀에 붙인...

지만의 노하우라며...... 떡허니....

비닐에 꽁꽁 싸인 찬밥 한 덩이를 쓰윽 내놓는 거였소.......--;;

친구니까 나한텐... 같이 먹쟈구 주는 것이라오.......--;;

그럼 A는?

그는 생존게임의 적일 뿐이라 하오.

--;;......밥 한 덩이에...

우리는 친구고.... 적이오........--;;

.... 우리는 서로의 우정을 확인하며....

맛나게...고추장에 쓱쓱 비벼 먹었소........--;;....

친구야...마니 묵어라......--;;.......눈물나오....

어서 집으루 가야 허는디........--;;

5. 쌀 떨어진 지 다섯째 날

A가 의심을 풀었는 줄 알았는데 그게 아닌 것 같소......--;;

그넘의 눈빛이 어제 이후로 틀려졌소..........--;;

이넘이 말은 안하지만....방을 계속 뒤지구 있소....--;;

숨죽이고 지켜보고 있소.......--;;

오늘은 학교 안 간다 하오.......--;;

걍.....하루종일 집에 있을 거라 하오......--;;

B는 하루종일 잠만 자더니...

오후 느즈막에 학교로 갔소.......--;;

아~....... 배고파... 그날은 그렇게 갔소.....--;;

6. 쌀 떨어진 지 여섯째 날

그날을 난 결코 잊지 못할 것이오.......--;;

A는 굶주림과.. 어제의 땡땡이로 할 수 없이

오전에 허우적허우적.... 학교로 갔소.

아~,,, 그 뒷모습. 정말 안타까웠소.....--;;

A가 가자, B의 눈동자가 빛났소......--;;

B는 유유히 일어나 서랍을 뒤지더니

드라이버를 꺼냈소....--;;

헉...................--;;

그넘이 지금..테레비 브라운관을 뜯고 있소.....--;;

미틴 넘.............--;;

.... 이런 ....

무쟈게 머리 존 넘이 또 있을랑가.........--;;

헐...... 또 밥 한 덩일 꼬추장에 비벼먹었소.......--;;;

글구....... 그 다음 날 난 그곳을 떠났소.............--;;

며칠 뒤 난 두 넘의 전화를 같은 날 받았소........--;;

A..............의 말..

"이런 나쁜 자슥아......... 니가 친구냐?

..... 알았으믄.... 말해줬어야지.....

이런 xx야.... 에이 ... 이런...........--;;.

난 그때 굶어 뒤지는 줄 알았다. ××넘아...........--;;

B새끼 지금 튀었는데..... 잡으믄 죽여뿌릴꺼야

욕으루 시작해서 욕으루 끝났소.............--;;

B...의 전화......

"그넘 지금 무쟈게 열받았다...... 아. 중말......

그넘이 그때 들어올 줄이야.....

변기물통 속에서...... 밥 꺼내다 걸렸잖냐..........--;;

지금... 공중전화얌... 열라 튀었당........

야~....... 인쟈 우쟈냐????????"

젠장....!!!

닮기

http://www.Trueye.net
http://cyworld.com/psw525

상당히 불안합니다..OTL(정신이상자가 될 것 같아요;;)

포기하지 않은 댓가

나폴레옹은 수필가로 실패했으며,
셰익스피어는 양모사업가로 실패했으며,
링컨은 상점경영인으로 실패했으며,
그랜트는 제혁업자로 실패했다.

하지만 그들 중에 어느 누구도 포기하지 않았다.

그들은 다른 분야로 옮겨가 자신에게
맞는 일을 찾아 노력했으며 결과는
우리가 알고 있는 그대로다.

- 프랭크 미할릭의 〈느낌이 있는 이야기〉 중에서

유머 퀴즈

▲ 울산의 어느 여고에서 체육시간에 피구를 하다 여학생 한 명이 죽었단다. 왜 죽었을까? = 금 밟아서

▲ 고양이 가면을 쓰고 놀 때는 "야옹" 하고 소리를 내고, 강아지 가면을 쓰고 놀 때는 "멍멍" 하고 소리를 낸다.
그렇다면 오징어 가면을 쓰고 놀 때는 무슨 소리를 낼까?
= 함 사세요~

▲ '눈과 구름을 자르는 칼' 을 세 글자로 하면? = 설운도

▲ '누룽지' 를 영어로 하면? = Bobby Brown 밥이 브라운?

비교

1. 잘 생긴 사람이 주먹질하면, 터프-_-
   못생긴 사람이 주먹질하면, 깡패-_-;

2. 잘 생긴 사람이 축구하다가 오버헤드킥하면, "역쉬..."-_-
   못생긴 사람이 축구하다가 오버헤드킥하면, "어쭈~.."-_-;

3. 잘생긴 사람이 노래 부르면 "꺄~꺄~"-_-
   못생긴 사람이 노래 부르면 -말없이 취소 누르고..
   "어머 잘못 눌렀네.."-_-;

4. 잘 생긴 사람이 인터넷 하면, "햐...지적이다..-0-"
   못생긴 사람이 인터넷 하면, "또 그짓이냐.....어휴 변태..."-_-;;

5. 잘 생긴 사람이 우산 없이 비맞구 돌아다니면, "어쩜...."-_-
   못생긴 사람이 우산 없이 비맞구 돌아다니면, "쯔쯔..."-_-;;

7. 잘 생긴 사람이 공부까지 잘하면, "금상첨화"...-_-
   못생긴 사람이 공부만이라도 잘하면 "배수의진"...-_-;;

8. 잘 생긴 사람이 졸고 있으면, "조는 모습도 예술이다.. *.*"-_-;

못생긴 사람이 졸고 있으면,

"쟤는 모하러 산다니.. 영원히 재워죠라.." -_-;

9. 잘 생긴 사람이 길을 물으면,

"(수줍~)아, 네... 이리...다음 저리...·· 최대공손"

못생긴 사람이 길을 물으면,

"(싸늘~)저, 여기... 안 사는데여...-0-"

10. 잘 생긴 사람이 지하철에서 자리 양보하면, "마음까지...어흑..."

못생긴 사람이 지하철에서 자리 양보하면, "부모님인가봐..-0-;;"

11. 잘 생긴 사람이 자기에게 윙크하면, "까무러치기"

못생긴 사람이 자기에게 윙크하면, "업어치기" -_-;

12. 잘 생긴 사람이 헬스하면, "몸매가꾸기~"

못생긴 사람이 헬스하면, "성인병 예방~" -_-;;

13. 잘 생긴 사람이 얼굴을 붉히면, "수줍음"

못생긴 사람이 얼굴을 붉히면,

"저거.. 저거.. 또 술쳐머꼬... 에휴.." -_-;;

14. 잘 생긴 사람이 막 뛰어가고 뒤에서 사람들이 쫓아오면,

"연예인인가봐...우와..." -_-

못생긴 사람이 막 뛰어가고 뒤에서 사람들이 쫓아오면,

"빚쟁이인가봐...쯔쯔..." -_-;;

15. 잘 생긴 사람이 술 마시구 오바이트하면,

"그러게 왜 그렇게 무리해?!! 몸생각하지" -_-

못생긴 사람이 술마시구 오바이트하면,

"그게 다 돈이다, 돈... 다시 줏어 먹어라, 인간아 -_-;;

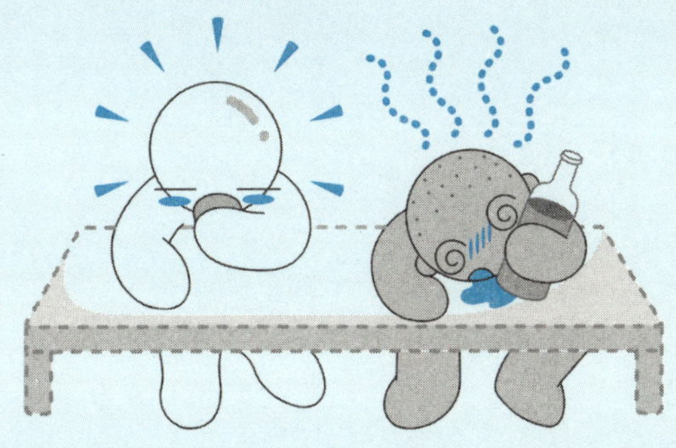

범인은 누구일까?

어느 카페에 네 사람이 앉아 있다.

그리고 테이블 앞에는 2억 원이 들어 있는 돈 가방이 있다.

잠깐 정전이 되어 캄캄해진 틈을 타서 누군가 돈가방을 들고 튀었다.

범인은 누구일까?

1. 산타할아버지

2. 정직한 정치인

3. 청렴한 변호사

4. 경찰관

정답 : 경찰관. 왜? 나머지 세 사람은 이 세상에 존재하지 않으니

　　까…….

웃음의 효과

웃음은 신이 인간에게만 내린 축복이다

과학자들은 수천 년 전부터 웃음이 왜 생기며, 건강에 어떤 영향을 주는지에 대해 연구해왔다.

하여, 웃음이 건강에 미치는 영향이 하나하나 밝혀지고 있다.

인간은 생존 과정에서 많은 스트레스를 경험한다.

그 것을 해소할 수 있는 적절한 감정표현 능력이 없다면 아마도 세상은 더없이 삭막할 것이며 모두가 정신병자가 되어 있을지도 모른다.

웃음은 심장을 튼튼하게 한다

최근 미국에선 많이 웃는 사람들에게 심장병 발병이 적다는연구 결과가 나왔다.

우리 몸에는 내장을 지배하는 교감신경과 부교감신경 등두 가지의 자율신경이 있다.

놀람, 불안, 초조, 짜증 등은 교감신경을 예민하게 만들어 심장을 상하게 한다.

반면 웃음은 부교감신경을 자극해 심장을 천천히 뛰게 하며몸 상태를 편안하게 해준다.

이것이 심장병이 적게 생기는 이유이다.

웃음은 스트레스와 분노, 긴장을 완화해 심장마비 같은 돌연사도 예방해 준다.

웃음은 암도 물리친다

웃음은 병균을 막는 항체인 '인터페론 감마'의 분비를 증가시켜 바이러스에 대한 저항력을 키워주며세포 조직의 증식에 도움을 주는 것으로 밝혀졌다.
이는 사람이 웃을 때 통증을 진정시키는 '엔돌핀'이라는 호르몬이 분비되기 때문이다.
18년간 웃음의 의학적 효과를 연구해 온 미국의 리버트 박사는 웃음을 터뜨리는 사람에게서 피를 뽑아 분석해 보면 암을 일으키는 종양 세포를 공격하는 '킬러 세포killer cell'가 많이 생성돼 있음을 알 수 있다고 밝혔다.
웃음이 인체의 면역력을 높여 감기와 같은 감염질환은 물론암과 성인병을 예방해 준다는 것이다.

유방암을 이겨낸 웃음요법

크리스틴은 마흔 살에 유방암 진단을 받았다.
자신의 어머니도 유방암으로 사망했기 때문에 크리스틴은 절망과 두려움 속에서 수술을 받았다.

수술을 받은 지 4주일이 되던 날 그는 한밤중에 일어나 새로운 사실을 깨달았다.

낮에 찾아온 친구와 실컷 웃은 덕에 몸과 마음이 편안해진 것이다.
수술 뒤 이웃들이 따뜻하게 대해줬지만 크리스틴은 웃어본 적이 없었다.

그 때부터 그는 웃음과 유머로 암을 이겨내기로 했다.

그는 머리카락이 빠져나가는 화학요법과 살에 물집이 생기는 방사선 요법을 웃음 요법으로 견뎌내고 끝내 암을 물리쳤다.

한 번 웃음은 에어로빅 5분 효과

웃음요법 치료사들은 사람이 1분간 크게 웃으면 그 효과는 에어로빅 10분의 운동량과 같다고 주장한다.

미국 스탠포드대 윌리엄 프라이 박사는 사람이 한바탕 크게 웃을 때 몸 속의 650개 근육 중 231개 근육이 움직여 많은 에너지를 소모하고 20분 동안 웃는 것은 3분 동안 격렬하게 노 젓는 운동량과 같다.

크게 웃으면 상체는 물론 위장, 가슴, 근육, 심장까지 움직이게 만들어 상당한 운동효과가 있다는 분석이다.

따라서 웃을 때는 배꼽을 잡고 크게 웃는 게 좋다.

웃음이 주는 효과

웃음은 스트레스를 진정시키고 혈압을 떨어 뜨리며, 혈액 순환을 개선시키는 효과가 있다.

배가 아플 때까지, 눈물이 나올 때까지, 숨을 쉴 때까지, 크게 웃고 난 뒤에는 기분이 좋아지고 후련해진다.

웃고 나면 굳어진 어깨도 풀리고, 스트레스도 사라진다.

웃음에 대한 명언

- 유머감각이 없는 사람은 스프링이 없는 마차와 같다.

  그래서 길 위의 조약돌에 부딪칠 때마다 삐걱거린다. - 헨리 와드 비쳐

- 모든 인간적인 것은 애상적이다. 유머의 숨은 원천도 기쁨이 아니

  라 슬픔이다. 천국에는 유머가 없다. - 마크 트웨인

- 유머 감각이 둔한 머리치고 철저히 잘 짜여진 머리는 없다.

  - S.T. 코울리지

- 잘 웃는 사람은 웃지 않는 사람보다 더 오래 산다.

  건강이 웃음의 양에 달렸다는 것을 아는 사람은 거의 없다.

  - 제임스 월쉬

- 당신이 웃고 있는 한 위궤양은 악화되지 않는다. - 패티우텐

- 행복한 사람은 행복하기 때문에 웃는 것이 아니고 웃기 때문에 행

  복하다. - 윌리엄 제임스

- 그대의 마음을 웃음과 기쁨으로 감싸라. 그러면 1천 해로움을 막아

  주고 생명을 연장시켜 줄 것이다. - 윌리엄 세익스피어

- 웃음은 마음의 치료제일 뿐만 아니라 몸의 미용제이고,

  사람은 웃을 때가 가장 아름답다. - 칼 조세프 쿠쉘

- 유머는 희롱 속에 감추어진 엄숙이다. - J. 와이스

- 훌륭한 유머는 사람이 입을 수 있는 가장 좋은 의복이다. - W.M 대커리

화투의 교훈

낙장불입

인생에서 한번 실수가 얼마나 크나큰 결과를 초래하는지 깨우치게 한다.

비풍초똥팔삼

살면서 무엇인가를 포기해야 할 때 우선순위를 결정해 위기 상황을 극복해 나가는 과정을 가르친다.

밤일낮장

인생에서는 밤에 할 일과 낮에 할 일이 정해져 있으므로 모든 일은 때맞춰 해야 함을 가르친다.

광박

인생은 결국 힘 있는 놈이 승리하게 마련이며 광이 결국은 힘이라는 사실을 일깨워 최소한 광 하나는 가지고 있을 필요성을 일깨운다.

피박

쓸데없는 피가 고스톱에서 얼마나 중요한지를 깨우쳐 사소한 것이라도 결코 소홀히 보지 않도록 한다.

쇼당

인생에서 양자택일의 기로에 섰을 때 현명한 판단을 내리게 한다.

독박

무모한 모험이 실패했을 때 속 뒤집히는 과정을 미리 체험케 함으로써 무모한 짓을 삼가도록 한다.

고

인생은 결국 승부라는 것을 가르쳐 도전정신을 배가시키고 배짱을 키워준다.

스톱

안정된 투자정신과 신중한 판단력을 증진시켜 미래의 위험을 내다볼 수 있는 예측력을 가르친다.

나가리

인생은 곧 '나가리' 라는 허무를 일깨워줘 노장사상의 심오한 철학을 단번에 이해하게 한다.

한 남자가 비행기 조종 교본을 보면서 항공기를 몰기 시작했다. '먼 저 엔진에 시동을 걸고, 기어를 넣고, 조종간을 앞으로 당기고…….' 책에 써 있는 대로 하나하나 따라해 드디어 멋지게 이륙했다. 그리고 착륙해야 할 순간이 되자 다시 책을 펴 들었다.그런데 책을 펴들자 그 만 기절했다.

'착륙편은 다음호에 계속'

나무가 네 개 있으면?

포트리스

나무가 다섯 개 있으면?

오목

초코파이 위에 있는 오리는?

오리온 초코파이

사과를 파먹으면?

파인애플

처녀의 반대말은?

처남

연애금지를 두 자로 줄이면?

금연

개가 사람을 가르친다를 네 자로 줄이면?

개인지도

술과 차를 팔지 않는다를 네 글자로 줄이면?
주차금지

나보다 조금 더 높은 곳에 니가 있을 뿐을 다섯 자로 줄이면?
니 와 거깃노?

아루아루 모놀로그
- 엄마의 마음

글/한메산
그림/고훈

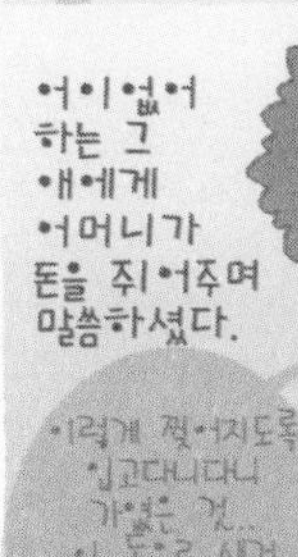

사투리로 보는 가사

어머나 / 장윤정

원문

어머나 어머나 이러지 마세요.

여자의 마음은 갈대랍니다.

안돼요 왜이래요 묻지 말아요.

더 이상 내게 물으시면 안돼요.

오늘 처음 만난 당신이지만 내 사랑인걸요.

헤어지면 남이 되어 모른 척하겠지만

좋아해요 사랑해요 거짓말처럼 당신을 사랑해요.

소설 속의 영화 속의 멋진 주인공은 아니지만 괜찮아요.

말해봐요 당신 위해서라면 다줄께요.

전라도 사투리 버전

워메에~ 워메에~ 이라지 말랑께~

가시나 맴은 갈대랑께여.

안 되는디 왜 이러는디 잡찌 말랑께~

더 이상 내게 물어싸면 골란혀.

오늘 처음 만난 당신이지만 내 사랑인디요.

헤어지믄 남이 되어 모른 척할라고야.

좋아부요 사랑한디 허벌나게 당신을 사랑한당께.

소설맹키로 영화맹키로 멋진 주인공은 아니어도 괜찮당께

말혀보씨요 니를 위해서라믄 다준당께로.

와!~ 와!~ 이라지 말라카이~

가스나 마음은 갈대라카이

안된다안카나 와이카노 잡지 말라카이~

더이상 내한테 물으시며는 안댄다카이

오늘 첨으로 만난 니지만 내 사랑이라 안카나

혜아지면 남이 되어 모른 척해볼끼지만~

좋아한다 내캉살자 거짓말처럼 니 사랑한다안카나

소설 속에 영화 속에 멋째이 주인공은 아이지만서도

개안타카이 말해보거레이 니가 잘된다카만 다 주께 ~

아유~ 아유~ 이러지 마셔유~

기집애 맘은 샬내라자뉴

안된다쟈뉴 왜 이랴~ 잡지 말랬쟈뉴

워찌되던지간에 나한테 더 물으시면 안돼유~

오늘 첨 만난 당신이지만 내 사랑이구만유.

갈라지면 남이 되어 모른 척해뻔지겠지만

좋아햐~ 사랑햐~ 꽁갈처럼 당신을 사랑해유

소설 속에 영화 속에 멋진주인공은 아닐티지만 괜찬아유

얼릉 말해봐유 당신 위해서라면 까징거 다 줄꺼구만유.

군대 가서 새롭게 알게 된 사실들

1.

우리나라 겨울은 삼한사온이 아니라 울타리 안은 춥고 바깥은 따뜻하며, 사계절이 아니라 여름과 겨울 두 계절뿐이다.

2.

저울과 불빛이 없어도 정확하게 배식할 수 있고, 시계가 없어도 밥 때는 알 수 있다.

3.

자면서도 건빵을 먹을 수 있고, 졸면서도 달릴 수 있고, 눈 감고도 TV 시청할 수 있다.

4.

맑은 날보다 비 오는 날이 훨씬 기다려지고 화이트 크리스마스가 최악이다.

5.

남자는 네 번 운다. 태어날 때, 부모님 돌아가셨을 때, 나라가 망할 때, 마지막으로 한 달 고참이 많이 있었다는 것을 알았을 때다.

6.

가수는 가창력보다 섹시함이 최고, 탤런트는 연기력보다 글래머가 최고다. 여자는 엄마와 애인 두 종류다.

7.

표창장, 상장보다 병장이란 걸 갖고 싶고 심장병, 상사병보다 무서운 게 헌병이다.

8.

막사 주위에 꽃을 심으면 꽃이 피지 않으며 나무를 심으면 곧 썩어 죽는다. 이유는 화장실이 멀어서다.

9.

1,000원이면 담배 두 갑하고 초코파이 세 개를 사고도 정확히 300원이 남는다.

10.

제일 부러운 사람이 환자고, 제일 불쌍한 사람이 축구 못하는 사람이며, 제일 위대한 사람이 예비군이다.

1호선 안양역에서 신도림을 갈려고 전동차를 탔는데

그 때 시간이 밤 11시 40분 쯤 됐을까???

사람들 거의가 졸고 취해서 쓰러지려 하고…… 그 와중에 20대 후반

정도의 남자가 타더니만 자리에 앉아 졸라 큰 소리로 핸드폰에 대고

얘기한다.

술 한잔 했나보다.

남들 생각, 하지도 않는다.

어찌나 크게 떠들던지……

그걸 보고 옆에 앉은 같은 20대 후반정도의 남자가 투덜거렸다.

"여보쇼! 좀 조그맣게 얘기하던가……!!"

그러자 전화 걸던 사람,

"뭐야 당신은!!! 당신이 뭔데…?"

순간 그 말 듣고 열 받은 그 사람,

"여기가 당신 집이야??? 남들 생각은 안해???"

전화하던 남자 왈…

" 이 자슥이 진짜 죽구 싶냐? "

도저히 안되겠다는듯이

"그래!! 너 담정거장에서 내려서 한 판 붙자! 짜식아!"

전화하던 남자 왈…

"조아! 이 쉑히 너 두고봐!"

그런 후에 두 남자는 담 정거장에서 내릴려고 문앞에 섰다.

분위기 살벌했다.

이윽고 전철은 담 역에 도착하고…… 문이 열렸다.

타일렀던 남자가 전화로 시끄럽게 떠든 남자의 멱살을 잡고 나가더니

만 저 쪽으로 쎄게 밀어 부쳐버리고는 문 닫힐 찰나에 잽싸게 전동차

안으로 들어왔다.

그리고…… 문은 닫혔다.....

밖에서 전화했던 남자는 문을 팡!팡! 치면서

"너 일루 안 나와??? 죽어… 너…!!!"

그러자 이 남자 말하는 게 주겼다.

뭐라했냐면..........

"야, 임마! 이 차가 막차야!!!!!!!"

벌써 4년 전 일이다. 운전면허를 따기 위해 방배동 소재 K모 병원에서 신체검사를 받을 때였다.

신체검사 접수를 하고 복도에서 잠시 기다리고 있노라니 내 이름이 불렸다.

"으엥씨~!! (필자의 가명.)"

"네."

방 안으로 들어가니 40대 초반의 의사선생님께서 앉아 계셨다.

"으엥씨~ 여기 빨간색 의자에 앉으세요."

(의사가 지정하는 의자는 필자로부터 2m쯤 떨어져 있었다.)

"네."

"양손 무릎 위에 올려놓고 잼재미~한번 해보세요.. 자~ 잼재미~~

♩♫ ·O·”

“흐억.. (잠시.. 그 유치함에 놀랐으나.. 그러나 곧 따라하게 되었소.) 잼재미～～♩
♫ ＊·O· ＊ ”

“자～ 됐습니다.. 여기 싸인하구요, 밖에 나가서 원서 받아가세요.”

“어?? 벌써 끝난 건가요??”

“네.. 이쪽으로 나오세요.”

“????”

이상하다, 사기를 당한 건가??

분명히, 운전면허 시험볼 때 거치는 신체검사에는 시각, 청각 및 운동
신경 검사 등이 포함되어야 하는데 이게 어찌된 일인가?

그런데 받아본 원서에는 모든 기능이 정상으로 나와 있었다.

헉....!?!?

그렇다면??

아, 역시 세계에서 교통사고 사망률 1위라는 타이틀은 그냥 얻은 게
아니었구나 싶었다.

어찌된 일인지 간호사 누나에게 물어보기로 했다.

“저어～ 누나.. 이거요.. 나 검사 다 안 했거든요??”

“(원서를 보더니.. 익숙하게..) 들어갈 때 이름 불렀죠??”

“네..”

“대답했죠??”

“그럼요..”

“청각검사 합격이구요..”

"헉…!?!?"

"들어가서 잼재미 했죠??"

"네.."

"운동신경검사 합격이구요.."

"뜨헉……"

"의사선생님이 앉으라는 데 앉았죠??"

"네.."

"시력검사 합격입니다."

"허걱….!!!!"

논산훈련소에서 고생하고 있던 훈련병 시절, 제일 많이 했던 일은 훈련이 아닌 제초작업이었다. 그날도 넓은 평지에 있는 잡초를 다 뽑으라는 명령을 받았다.

불평불만을 하며 뽑고 있던 중 어떤 녀석이 궁시렁거렸다.

"제초제 사서 뿌리면 다 없어질 건데 왜 우리한테 시키냐?"

그런데 재수없게 교관이 옆에서 그 말을 들었다. 모두 일순 긴장.

그런데 교관이 하는 말을 듣고 모두 쇼크를 먹었다.

"늬들이 제초제보다 더 싸잖아!"

군인들이어~ 힘내소서

화장실 귀신

http://www.Trueye.net
http://cyworld.com/psw525

www.Trueye.net

제2부

어떤 대화

운 적이 없는 젊은이는 야만인이요,
웃지 않으려 하는 늙은이는 천치다.
— G. 산타야나

친구 바보 만들기 완결판

1탄

나 : 이번 문제의 답은 2개다!

친구 : 응!

나 : 저~기 저~기 산 넘고 산 넘고 산 넘어서 사과나무가 한 그루 있다! 거기에 사과가 몇 개 열려 있게?

친구 : 야, 그걸 내가 어떻게 알아?

나 : 답을 알려줘도 모르냐? 내가 아까 처음 시작할 때 답이 2개라고 말해줬잖어.

친구 : ……?!

2탄

나 : '코카콜라'를 입술 안 붙이고 말해봐.

친구 : 커 카 컬 라

나 : 코카콜라는 원래 입 안붙이고 해.

친구 : 뻘쭘.

3탄

나 : 야. 달리기를 하는데, 2등을 추월하면 몇 등이게?

친구 : 당연히 1등이지! (대부분이 이렇게 말하더라.)

나 : 실망했다. 2등을 추월하면 2등이지 1등이냐?

4탄

나 : 야, 이번엔 잘해봐. (잔뜩 긴장을 준다.)

친구 : 알았어. (잔뜩 긴장)

나 : 달리기를 하는데 꼴등을 추월했어! 그럼 몇 등이냐?

친구 : 꼴등 다음이자녀~

나 : 미치겠다. 어떻게 꼴등을 추월하냐?

5탄

나 : 너 이제부터 절대로 '흰색' 이래고 말하면 안돼!

친구 : 응!

나 : (머리카락을 가리키며) 이거 무슨 색?

친구 : 당연히 검정색이지.

나 : 틀렸어! '검정색' 이라고 말하면 안된다고 했잖아.

친구 : 언제? 네가 '흰색' 을 말하면 안된다고 했었잖아.

나 : 땡! 속았지? 절대 '흰색' 이라고 말하지 말라고 했잖아.

6탄

나 : 친구야, 너 '아니' 라고 말을 하면 바보가 되는 거야. 알겠지?

친구 : 응.

나 : 담이 높은 어떤 큰 집이 있었어. 그 집에 들어가야 하는데 문이
　　 열려 있었어. 너 같으면 담 넘을꺼야?

　　 (때때로 아무 생각없이 듣는 애들은 '아니' 라고 단번에 속는다. 하지만 대부분

여기서는 잘 걸리지 않는다.)

친구 : (억지로) 응.

나 : 담을 넘어서 간다고? 무리하는군. 좋아. 담을 넘었더니 커다란 개
한 마리가 순식간에 너한테 덤벼들어 네 다리를 물려고 그래. 너
는 그대로 물릴꺼야?

친구 : (역시 안 속는다.) 응.

나 : 개한테 물린다고? 좋아. 현관문을 열고 들어가려고 하는데 열쇠
가 없었어. 그런데 옆을 보니 창문이 열려 있는 거야. 그럼 넌 열
린 창문으로 가지 않고 문을 부시고 들어갈꺼야?

친구 : (약간 생각하며) 응.

나 : 이야~! 절대 안 속네? 다들 맨 마지막엔 속던데……. 너 어디서
이 얘기 들은 거지?

친구 : (다시 아무생각 없이) 아니~!

7탄

나 : 가와 나와 다가
살았대. 그 중에
한 사람은 노팬티
라는군. 그런데
가와 다는 팬티를
입었대. 그럼 팬티를 안 입은 애는 누구게?

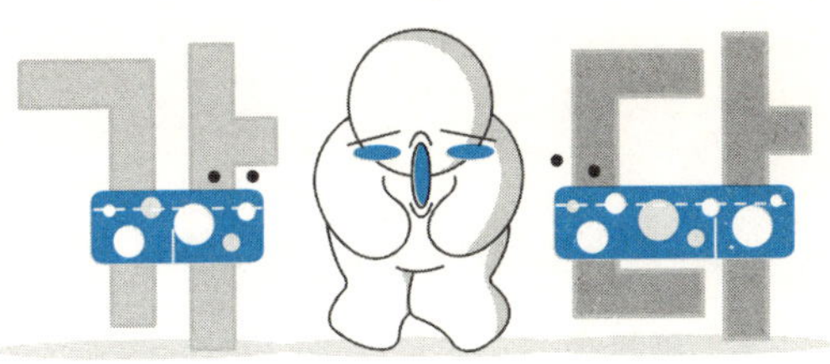

생각 없는 친구 : 나.

나 : 어머? 너 팬티도 안 입고 학교에 왔니?

8탄

나 : 친구야, 100, 200, 300, 400, 500을 다섯 번 크게 해봐.

친구 : 100, 200, 300, 400, 500.

나 : 100 다음은?

친구 : 200!

나 : 100 다음은 101이야.

9탄

나 : 영희네 가족은 엄마, 아빠와 7자매야. 자매의 이름은 빨숙이, 주숙이, 노숙이, 초숙이, 파숙이, 남숙이라고 했어. 그렇다면 막내의 이름은 뭘까?

친구 : 보숙이.

나 : 내가 처음에 영희네 가족이라고 했잖아. 영희지

10탄

나 : 소가 낳는 애는?

친구 : 송아지

나 : 말이 낳는 애는?

친구 : 망아지

나 : 개가 낳는 애는?

친구 : 강아지

나 : 그럼 닭이 낳는 애는? (답은 알 또는 달걀)

친구 : 병아리

나 : 풋...

11탄

나 : 야! 너~ "나비" 해봐.

친구 : 나비.

나 : 그럼 '정상' 해봐~ (넌 오늘 죽었다잉~)

친구 : 정상~

나 : 그럼 한꺼번에 말해봐~

친구 : 나비정상.

나 : 뭐? 너 비정상이라구? 하하하!

12탄

나 : 내가 금붕어 삼행시 지어 볼게. 운 띄워 봐.

친구 : 그래, 금!

나 : 금요일에 누가 그러는데...

친구 : 붕!

나 : 붕어랑 너랑 IQ가 똑같다며?

친구 : 어!

나 : 맞다고? 정말이었구나~~!

13탄

나 : 친구야, '왜'를 다섯 번 말해봐.

친구 : 왜, 왜, 왜, 왜, 왜.

나 : 너 틀렸어.

친구 : 왜?

나 : 방금 여섯 번째 말했으니까

14탄

나 : 친구야, "ㄱ", "ㄴ", "ㄷ", "ㄹ".... "ㅎ" 해 봐.

친구 : "ㄱ", "ㄴ", "ㄷ", "ㄹ".... "ㅎ"

나 : 그럼 "뽀빠이"에 "삐읍은 몇 개가 들어가 있게??"

친구 : 삐읍이 어딨어? 쌍비읍이지. ☞ IQ 130이상

친구 : 음... 2개! ☞ 고릴라 수준

친구 : 음... (한참 생각하고) 2개! ☞ 붕어 수준

15탄

나 : 올챙이는 찬물에 알을 낳을까? 따뜻한 물에 알을 낳을까?

친구 : 음... 찬물! (아니면) 따뜻한 물!

나 : 땡~ 틀렸어! 올챙이가 이렇게 알을 낳노?

16탄

나 : 지금부터 내가 하는 말을 1분동안 무조건 따라해야 네가 이기는
   거야!

친구 : 응.

나 : 1층에는 사과가 있다.

친구 : 1층에는 사과가 있다.

나 : 2층에는 포도가 있다.

친구 : 2층에는 포도가 있다.

나 : 3층에는 파인애플이 있다.

친구 : 3층에는 파인애플이 있다.

나 : 4층에는 바나나가 있다.

친구 : 4층에는 바나나가 있다.

나 : (갑자기) 2층에는 뭐가 있다고 했지?

친구 : 포도!

나 : 틀렸어 (여기서 안 속으면)

나 : 너 어디서 들었냐?

친구 : 아니

나 : 틀렸어

(왜 틀렸냐면 자신이 하는 말을 따라해야 하기 때문입니다.. 그래서 친구는 "너 어

디서 들었냐?" 라고 말해야 하는 거죠.)

17탄

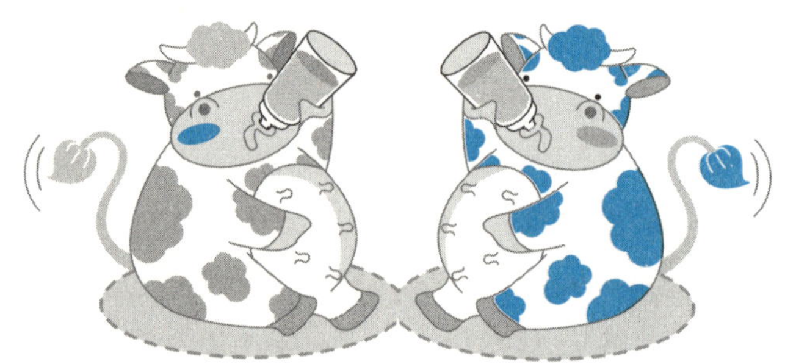

나 : 흰색 10번 해봐!

친구 : 흰색, 흰색, 흰색, 흰색, 흰색, 흰색, 흰색, 흰색, 흰색, 흰색.

나 : A4용지의 색깔은?

친구 : 흰색.

나 : 휴지의 색깔은?

친구 : 흰색

나 : 젖소가 마시는 것은?

친구 : 우유

나 : 젖소는 우유를 안 마시고 우유를 짜지.

세상에서 제일 복잡한 사건

놀랍다! 세상에 이런 자살 사건이……

1994년 3월 23일, 미국 샌디에고에서 로널드 오퍼스라는 남자가 10층 빌딩에서 투신해 자살했다. 기이하게도 그의 시체는 바닥에 떨어진 게 아니라 8층에 쳐진 안전망에 걸쳐진 채로 발견되었는데, 부검 결과 직접적인 사인은 머리를 관통한 라이플 총탄이었다.

즉, 그가 투신할 즈음에는 이미 라이플 총탄이 그의 두개골을 관통해서 그는 죽은 상태였다는 것이다.

혹시 자살을 가장한 살인이 아닐까 의심한 경찰은 주변 수색에 나섰지만, 그가 투신한 지점에는 아무런 핏자국도 발견 할 수 없었고, 오히려 자살이라는 사실이 명백하게 밝혀주는 그의 자필로 된 유서만이 놓여 있었다.

그렇다면 도대체 머리에 난 총상은 어떻게 된 걸까?

그가 자살하기 전에 라이플 총으로 자신의 머리를 쏘고 떨어졌다면 그 주변에 핏자국이나 흔적, 혹은 라이플 총이 남아 있어야 하는데, 그런 것은 전혀 발견되지 않았다.

사건을 수사해 가던 경찰은 놀라운 데서 답을 찾을 수 있었다. 그것은 그가 10층에서 자살 투신한 직후 9층지점을 통과하는 순간, 9층에서 날아온 총탄에 머리를 맞은 것이었다.

9층에는 노부부가 세들어 살고 있었는데 그 부부가 심한 말다툼을 하다 격분한 남편이 총을 들고와 부인에게 총을 쏘았는데 그 총알이 부인을 빗겨나가 정말 우연히 마침 그리로 떨어지던 오퍼스를 맞혔던 것이다.

우연치고는 정말 기가막힌 우연이고, 어차피 자살할려고 투신하던 오퍼스였으니 총에 먼저 맞았다고 해서 그게 뭐가 대수냐고 생각할른지도 모르지만, 경찰은 다른 결론을 내렸다.

8층에는 안전망이 쳐져 있었으므로 만약에 오퍼스가 머리에 총탄을 맞지 않았을 경우, 그는 안전망에 걸려서 살았을지도 모른다. 즉 자살 미수로 살 수도 있었는데 그 총탄 때문에 사망했으므로 9층 노부부 중 남편은 과실치사 혐의가 된다는 것이었다.

다시 말하자면, 남편은 부인을 제대로 겨냥해 총을 쏘아 그 부인이 죽었더라면 일급 살인이 되었을 터인데 부인을 빗나가 다른 사람이 맞아 죽었으니 이급 살인, 즉 과실치사 혐의가 적용된다는 것이다.

경찰의 해석이 이러하자 그 노부부는 곧 자신들은 항상 그 총에 총탄을 넣어두지 않으며, 어떻게 그 총이 장전되어 있었는지 모르겠다고 주장했다.

그들에 따르면 그들은 평소 부부싸움을 할 때 항상 남편이 빈총을 들고나와 부인에게 쏘는 시늉을 하면서 위협하는 등의 습관이 있었는데, 분명한 건 자신들이 결코 그 총에 탄환을 장전한 적이 없다는 것이었다.

다시 말하자면 그는 총탄이 장전된지 모르고 총을 발사했으므로 살해

의도가 전혀 없었으며(일급 살인죄를 면함), 또 그 와중에 오퍼스가 총탄을 맞았으므로 사고사로 처리되어야지 자신이 살인죄를 적용받는 건 억울하다는 것이었다.

그리되니 사건의 핵심은 누가 그 총에 장전을 했느냐는 것이었다. 즉 총탄을 장전한 사람이 이번 사건의 유죄가 될 것이었다. 경찰은 수사 끝에 그 노부부의 아들 중 한 명이 사건 6주 전에 장전했었다는 사실을 밝혀냈다.

그 아들은 직장에서 해고되었으나 어머니로부터 금전의 도움을 거절당하자 아버지의 습관(어머니를 향해 빈총을 발사하는 습관)을 떠올리고 어머니를 살해하기 위해 몰래 총탄을 집어 넣어 두었던 것이다.

그 아들은 총탄을 장전한 지 6주가 지나도록 자신의 부모가 부부싸움을 하지 않는 바람에 자신의 어머니가 살해될 희망이 점점 없어지자 절망하여 10층에서 자살을 시도했던 것이다.

다시 말하자면 그 아들이 바로 자살한 로널드 오퍼스였던 것이다.

사건은 오퍼스의 자살사로 종결되었다.

http://www.Trueye.net
http://cyworld.com/psw525

너...설마..
그렇게 들은 게냐..
www.Trueye.net

귀여운 녀석

아침에 고등어구이를 먹던 7살 아들녀석의 뜬금없는 한마디.
"아빠! 고등어는 참 아프겠다."
"왜?"
"몸에 가시가 있어서"
"-.-;;"

늑대의 실체

늑대는 평생 한 마리의 암컷과만 사랑을 한다. 자신의 암컷을 위해 목숨까지 바쳐 싸우는 유일한 포유류다.
또 자신의 새끼를 위해서도 목숨을 걸고 싸운다.늑대 수컷은 사냥을 하면 암컷과 새끼에게 먼저 음식을 양보한다. 그리고 제일 약한 상대가 아닌 제일 강한 상대를 선택해 사냥한다.
늑대는 독립한 후에도 종종 부모를 찾아와 인사를 한다.
또 인간이 괴롭혀도 먼저 공격하지 않는다.늑대와 남자는 엄연히 다르다. 남자를 늑대같다고 하지 말라.남자들이 늑대만큼만 살아간다면 여자는 울 일이 없을 것이다.

우리는 항상 착각하고 있다

· 남자들의 착각 : 못 생긴 여자는 꼬시기 쉬운 줄 안다!

· 여자들의 착각 : 남자가 여자랑 같은 방향으로 가면 자기에게 관심
　　　　　　　　이 있어서 따라오는 줄 안다!

· 아기들의 착각 : 울면 다 되는 줄 안다!

· 엄마들의 착각 : 자기 애가 머리는 좋은데 공부를 안 해서 공부를
　　　　　　　　못하는 줄 안다!

· 고등학생들의 착각 : 교실 뒷자리에 앉아 앞사람 땜에 선생님이 안
　　　　　　　　　　보이면 선생님도 자기를 못 보는 줄 안다!

· 대학생들의 착각 : 자기가 철든 줄 안다!

· 이 글을 읽는 사람들의 착각 : 자기는 지금 이 이야기의 한 경우에
　　　　　　　　　　　　　　도 해당되지 않는 걸로 안다! 쯧쯧!

우리나라의 가수 이름을 한글로 하면

솔리드 → 고체

버블 시스터즈 → 거품 자매들

페이지 → 쪽수

세븐 → 칠

클릭B → B누름

노브레인 → 무뇌

크라잉넛 → 울부짖는 견과류

문차일드 → 달 아이

UN → 국제 연합

왁스 → 광택제

체리필터 → 앵두 거르개

롤러코스터 → 청룡열차

삐삐롱스타킹 → 이동용 호출기 긴 여성용 양말

이글파이브 → 독수리 오형제

언타이틀 → 제목 없음

헤이 → 어이

빅마마 → 큰 엄마

브라운 아이즈 → 눈탱이 밤팅

캔 → 깡통

전쟁 중 황당 사건

1.

2차대전 때 정찰 중이던 독일군 병사가 갑자기 튀어 나온 고양이를
보고 놀라 허공으로 K98소총을 발사…
숨어 있던 연합군 저격수 피살…… -_-;;

2.

한국동란 때 한국군이 몰래 퇴각하던 중 똥개에게 발각……
그러나 쫓아오던 인민군, 그 똥개가 물고 있던 불발 수류탄이 터지는
바람에 전멸…… -_-;

3.

2차대전 때 독일군 저격수가 자리 확보를 위해 밖으로 던진 돌덩이에
정찰 나온 소련의 소령급 장교 사망……. 저격수 일계급 특진… -_-;;

4.

베트남전 때 베트남군이 미군이 쫓아오는 것을 방어하기 위해 땅굴에
독사를 풀어 놓았으나 반대로 자신들이 물려 죽음……-0-;;;

5.

2차 대전 때 프랑스 지역에서 연합군의 공격으로 퇴각하는 독일군을

추격하던 연합군 병사.. 독일군이 머물렀던 참호 안에 독일군이 싸놓은 똥을 밟고 넘어져 뒤통수가 깨짐... 치료후 제대.. -_-;;;;

6.

2차대전 때 독일군 타이거 전차 1대와 파우스트 보병 3으로 소련군 보병대를 제압하던 중... 독일군 파우스트 보병이 파우스트를 반대로 들고 쏴서 1대 남았던 독일군 타이거 전차 파괴... 독일군 전멸... -0-;;;;

7.

노르망디 폭격 도중 미군 비행기가 폭탄을 떨군 것이 바로 아래서 편대 비행하던 아군 비행기를 맞춤.....
아래쪽 비행기, 그 자리에서 공중 폭발....

8.

연합군 두 명이 정찰하던 도중 발각되어 독일군에게 쫓기다가 둘다 전사.... 뒤에서 날라오는 총알에 쫄아서 눈을 감고 뛰던 도중 부서진 탱크의 기다란 포에 머리를 부딪쳐 목뼈 골절로 사망...

9.

베트남전에서 미 해병대 신병이 베트콩의 기습 총탄으로 사망했는데 시체의 목이 돌아가 있었음........ 사망자는 당시 철모를 쓰고 쇠줄로 머리에 묶고 있었는데 총알이 그 줄을 스쳐 지나가면서 당기는 바람에 병사의 머리가 돌아가 버림...

10.

서부 독일의 민간인 집에 있던 연합군 두 명이 독일의 SS특전 여자 부대원 10명을 전멸시킴... 사연인 즉 연합군 병사 하나가 벌거벗고 있는데 SS여자 대원이 들이닥쳤다가 놀라서 머뭇거리고 있던 중 밖에 있던 연합군 병사 1명이 다 쏴버림... -_-;;

11.

한국전쟁 때 공습경보가 울리자 내무반 막사 안에 다리를 다쳐 나갈 수 없는 병사를 버려 두고 다른 병사들 모두 탈출... 나중에 그 다리 다친 병사만 생존.... 폭격기가 내무반 입구에 폭탄을 투하하여 탈출 중이던 병력들만 전멸함.

12.

동유럽 공산화될 당시 공산화에 반대하던 학생이 소련군 탱크 앞에 웃통을 벗고 서 있자 소련군이 전진을 멈춤.(사진으로도 봤을 것임.) 그러나 바르샤바에서는 그대로 전진....... 시체를 알아 볼 수 없을 만큼 참혹하게 압사...

13.

동유럽이 공산화될 당시 위와 같은 상황으로 탱크 앞에 학생이 섬...

탱크가 전진하지 않음. 그러나 대포로 쏴버림... 아무도 학생이 서 있었는지 몰랐음.

14.

필리핀 선박이 무언가의 습격으로 4척이 뒤집히고 선원 전원 사망...
필리핀 정부가 군함을 파견 ... 그러나 역시 전멸.
원인은 노랑 가오리떼...

15.

2차대전 때 심심해하던 독일군 저격수가 마을의 종탑을 쏨... 총알에 의해 벽돌하나가 빠지면서 종탑이 무너져 연합군의 퇴로가 차단됨.

16.

2차 대전 때 미군 공수부대가 네덜란드에 낙하.......
1개 소대는 독일군 점령지 한가운데 낙하.
또다른 소대는 지뢰밭으로 낙하... 졸라 불쌍타...

17.

프랑스 전선... 독일 포로 생포를 맡은 재빠른 프랑스군 병사가 독일 포로를 여럿 붙잡아옴... 프랑스군 장교가 이번에는 독일군 장교를 생포해오라고 하자 다시 기어가서 혼자 있던 독일군 장교를 생포.
당황한 독일군 장교가 먹고 있던 빵을 주자 프랑스군 병사가 그 빵만 먹고 그냥 돌아옴... 영창 갔음...

18.

2차대전 초기 마을 하나를 두고 공방전을 벌이던 독일군과 영국군의
장교가 단 둘이서 하나 밖에 없는 우물에서 마주침...
독일군 장교가 잡혔으나 여동생을 소개시켜준다는 조건으로 풀려
남... 전쟁이 끝나고 둘은 처남 매부 사이가 됨...-_-;;;
쿨럭! 진짜 소개 시켜줬네...

19.

2차대전 때 마을 동쪽에는 연합군이, 서쪽에는 독일군이 대치하고 있
었는데 술에 취한 연합군 사병이 독일군 장교숙소에서 잠을 자고 다
음 날 무사히 복귀....-_-;;;

20.

2차대전 때 연합군 사병이 벽에 기대어 쉬고 있는데 갑자기 그 벽이
무너지면서 반대편에서 쉬고 있던 독일군 10명의 사병과 고위급 장교
가 압사.... 그 사병은 즉시 소위로 진급...

버스 기사 아저씨의 센스

친구 집에서 자려고 친구와 버
스를 탔다.
가다 보니 어느새 버스 안에는
- 나와 내 친구,
- 버스 운전사 아저씨 (당근 ――;),
- 그리고 전혀 아닌데 예쁘게
  보이려고 온갖 피나는 노력
  을 다한 여자 2명...
이렇게만 남게 되었다.

한참 가고 있는데 그 중 한 여자
가 갑자기 나에게 윙크를 했다.
내 표정이 굳어지며 갑자기 점심 때 뭘 먹었는지 기억이 났다.
그러자 내 친구가 귓속말이랍시고 속삭였다.
"야, 저 여자가 너 찍었나 봐"
친구를 때려주고 싶었다..
귀에다 대고 그렇게 크게 말하면 ――; 그게 어디 귓속말이냐?
그러나 행동으로 옮길 수는 없었다.
이미 두 여자가 다 들었기 때문.

두 여자가 다가오더니 몇 살이냐고 물었다..

가까이서 보니 이번에는 점심이 위까지 올라왔다.. ――;

친구가 22라고 진술해버렸다.

아... 그러자... 갑자기... 말을 트시더니...

아잉~! 나보다 어리구나... 나는 나랑 동갑일 줄 알고~~ 그러셨다.

아니.. 그러면서 갑자기 대쉬하며 스킨쉽을 하려고 하는 순간!

나는 절대절명의 위기로 아저씨를 불렀다.

아저씨...아저씨...!!

(순간 내 머리 속에선 "내려주세요" 라고 말하려 했으나.)

"살려주세요!"라고 해버렸다.

나도 무안해서... 아저씨의 반응을 살피었으나......

버스가 멈추더니 문이 열리며 아저씨가 쏟아놓은 한 마디가 정말 죽였다.

"학생! 빨리 도망쳐!"

한국의 특수 대학들

1. 청와대

여기 재학 중엔 사회에서 인정받는다.

하지만 이곳 졸업하신 분들은 대부분 좋은 소리 못 듣고 산다.

하지만 누가 뭐래도 한국 최고의 명문대다.

전교 수석한 재학생의 말을 들어보자.

"맞습니다. 맞고요."

2. 군대

우리나라에서 유일하게 전원 기숙사 생활을 한다.

여기 안 갔다 오면 좋은 소리 못 듣는다.

남자라면 가야 한다는 그곳이다.

하지만 아쉽게도 여자들에게 군대생은 인기가 없다.

선후배 관계가 매우 엄하며 수업 또한 험난하다.

군대 내의 해병대가 군기가 세기로 유명하다.

그만큼 자존심도 세다.

군대의 축구부는 자체 군대스리가라는 리그를 운영할 정도로

유명하며 경기 내내 살벌하고 파워풀한 모습을 보인다.

3. 해운대

역시 이곳도 국내 유일이라는 장점이 있으니 여름 계절학기에만 수업을 하는 곳이다.

각계 각층이 모이며 분위기는 화기애애하다.

단, 지방이라는 약점이 존재하지만 여름만 되면 언제나 북새통을 이룬다.

놀기 좋아한다면 한번 가볼 만한 명문대.

4. 전봇대

여기부턴 볼품 없다.

가봤자 개똥밖에 없다.

가끔 싸고 있는 똥개를 직접 볼 수 있다.

특히, 술 자시는 님들, 이 대학 출신 넘친다.

드라마 현실 이렇게 다르다

■ 친구와 약속이 있어 시내에 나갔다

〈드라마〉

어딜 가도 주차 할 곳이 꼭 있다.

〈현 실〉

주차할 곳 찾아 다니느라 시내를 세 바퀴 이상 돌아다니다 겨우 남의 가게 앞에 몰래 주차하려다 욕만 무지 듣는다.

■ 술마시고 늦게 집에 들어갔다

〈드라마〉

아들 : "어머니! 죄송합니다....오늘 넘 괴로워서 술 한 잔 했습니다."
엄마 : "그래! 어디서 그렇게 술을 많이 마셨니? 피곤할 텐데 어서 올
　　　　라가 자거라."

〈현 실〉

아들 : "엄마! 오늘 괴로워서 한
　　　　잔 했수다!"
엄마 : "뭐시라? 괴로워? 내가 너

땜에 더 괴롭다. 꼴도 보기 싫다! 퍼뜩 디지삐라.”

■ 몸이 아파서 병원 갔다

〈드라마〉

깔끔하고 아주 잘 생긴 의사, 섹쉬한 간호사, 하다못해 청소부 아줌마도 이쁘다.

〈현 실〉

빨래하면 땟구정물 나올 법한 가운 입은 의사, 팔뚝 보면 힘깨나 쓰게 생긴 간호사, 볼일 볼 때 들락날락하는 청소부 아줌마.

■ 삼각관계

〈드라마〉

아주 자연스럽게 갈등하고 자연스럽게 경쟁하다 그럴 듯하게 괴로워하면서도 아무 일 없다.

〈현 실〉

만에 하나 그렇게 양다리 걸쳤다간 그나마 있던 애인한테 귀싸대기 맞고 지지리 궁상, 솔로되기 일쑤다.

■ 집에서의 옷차림

〈드라마〉

아주 화사한 남방셔츠에 조끼 걸친 아버지! 곗날에나 입는 투피스 차림의 엄마! 외출복과 거의 차이가 없는 원피스 입은 누나!

〈현 실〉

담뱃재의 영향으로 구멍 뻥~ 뚫린 메리야스 입은 아버지! 늘어난 티를 아무렇게나 걸친 엄마! 노랑고무줄로 머리에 묶고 타이즈 입고 돌아다니는 누나!

■ 주위 사람들

〈드라마〉

술 사달라고 하면 언제든지 나오는 좋은 친구! 연인인지, 친구인지 구분이 안 되는 아주 친한 이성 친구! 아침 일찍 가게 앞을 청소하는 슈퍼 아저씨!

〈현 실〉

허구헌날 여자 소개시켜달라는 선후배들! 걸핏하면 돈 빌려달라는 일생에 도움 안 되는 친구들, 맨날 반 술 돼서 아줌마한테 잔소리 듣는 슈퍼 아저씨!

■ 저녁 식사 후 가족들의 대화

〈드라마〉

거실에 모여 과일 먹는데 아버지는 쇼파 중간에 앉고, 양쪽으로 엄마
와 가족들이 둘러 앉아 행복한 표정으로 TV를 보면서 담소를 나눈다.

〈현 실〉

아버지는 피로가 겹쳐 일찍 주무시고 엄만 드라마 보면서 누구랑 누
구 결혼시키라고 혼잣말 하시고..누나는 오이 붙이고 스트레칭하
고.... 결정적으로 막내는 눈치 보면서 배틀넷 한다.

솔로들의 증상

1.

입이 거칠어진다. 주로 친구들하고만 대화를 하니까 한 문장 말할 때
마다 기본적으로 "X발", "X나" 가 한 번씩 들어간다.

2.

걸음이 빨라진다. 옆사람과 보조를 맞출 필요가 없다.
버스정류장까지 가는데 이젠 거의 마을버스 속도가 난다.

3.

예쁜 여자 / 잘 생긴 남자가 지나가면 고개가 돌아간다.
애인 있을 때는 눈만 슬쩍 돌려도 불벼락이 떨어지니 조심했는데,
이젠 아예 몸이 돌아간다.

4.

용돈에 여유가 있다. 문화생활이 전무한 탓이다.

5.

웬만한 드라마 줄거리 다 안다. 집에 일찍 들어오니 미니시리즈, 수목
드라마, 주말연속극 다 보게 된다.
시간 겹쳐서 못 보는 건 재방송으로 본다.

6.

행색이 추해진다. 그나마 없는 패션감각에 이젠 거의 포기상태다.
그러다보니 악순환. 애인이 더 안 생긴다.

7.

같이 솔로생활하던 친구가 애인 생기면 배 아프다. 그나마 같이 놀러
다니던 친구에게 애인이 생기면 배신감과 함께 더 심심해진다.

8.

나이에 맞지 않게 연예인에 집착한다.
TV 많이 보고 연예인에 적응돼서 눈만 높아진다.
군인들에게서 간혹 나타나는 증상으로 악순환의 원인이 된다.

9.

남들 붙어다니는 거 보면 눈꼴이 시리다.

버스 앞자리에 딱 붙어 있는 바퀴벌레 한쌍을 보면 밸이 꼴린다.

10.

무슨무슨 날이 제일 싫다. 발렌타인 데이, 화이트 데이, 크리스마스
등 이런 거 다 없애달라고 하나님께 기도한다.

아루마루 모놀로그
- 용기

글/한메산
그림/고훈

힘!

힘!

힘을 주세요!

축하합니다 ^^

따끈한 고구마를 낳으셨군요.

연예인 나라

옛날에 '장나라' 라는 나라가 있었는데....

그 나라에는 '정우성' 이라는 성이 있었다.

그런데 그 성은 함부로 들어가지 못했다.

그 성에 들어가려는 사람들은 반드시 '차인표' 를 사야 들어갈 수 있었다.

차인표를 입구에서 내밀고 성 안으로 들어가면 돌이 보이는데 그 돌의 이름은 '유재석' 이었다.

돌 옆에 흐르는 맑은 물이 있는데 바로 '하리수' 다.

하리수가 흐르는 계곡 위에는 '송혜교' 라는 다리가 있다.

그 다리를 건너면 정원이 보이는데, 그 정원에는 '김미화' 라는 꽃이 피어 있다.

장나라에서 가장 돈이 많은 사람은 '강부자' 다.

한편 정우성 옆에는 도시가 있는데, 그 도시 이름은 '이다도시' 다.

장나라에서는 전쟁이 일어날까봐 새로운 무기를 만들었는데, 그 무기 이름은 '장동건' 이다.

점

옛날에 3.9란 숫자하고 4란 숫자가 있었지.

3.9란 숫자는 4란 숫자를 형이라고 불렀지.

근데 어느 날 형이라고 안 부른 거야.

그래서 4가 물었지.

3.9야! 너, 왜 나한테 형이라고 안 부르니?

3.9 : 야! 나 점 뺏어! 그래서 이제 39야. 이제부터 4, 너 나한테 반말하
지 마! ㅋㅋㅋ

그들이 동물 농장에 간 이유

어느 날 담배와 빵이
동물농장에 갔습니다.
왜?
담배는 말보로..
빵은 소보로..

어떤 대화

선생 : 지금이 몇 시냐? 한두 번도 아니고……

학생 : 죄송합니다.

선생 : 말이 필요 없어. 당장 어머니 오시라고 해!

학생 : ……

선생 : 못 들었어? 당장 어머니 오시라고 하라구 !

학생 : 예…………… '어머니 옷!'

징기스칸의 웅변

집안이 나쁘다고 탓하지 말라.

나는 아홉 살 때 아버지를 잃고 마을에서 쫓겨났다.

가난하다고 말하지 말라.

나는 들쥐를 잡아먹으며 연명했고,

목숨을 건 전쟁이 내 직업이고 내 일이었다.

작은 나라에서 태어났다고 말하지 말라.

그림자 말고는 친구도 없고 병사만 10만.

백성은 어린애, 노인까지 합쳐 2백만 명도 되지 않았다.

배운 게 없다고, 힘이 없다고 탓하지 말라.

나는 내 이름도 쓸 줄 몰랐으나 남의 말에 현명해지는 법을 배웠다.

너무 막막하다고, 그래서 포기해야겠다고 말하지 말라.

나는 목에 칼을 쓰고도 탈출했고,

뺨에 화살을 맞고 죽었다 살아나기도 했다.

적은 밖에 있는 것이 아니라 내 안에 있었다.

나는 내게 거추장스러운 것은 깡그리 쓸어버렸다.

나는 그렇게 나를 극복하는 순간 징기스칸이 되었다.

남자친구를 남편으로 업그레이드 했을 때의 버그

지난 해에 '남자친구 5.0' 버전을 '남편 1.0' 버전으로 업그레이드했어요. 그런데 새 프로그램 때문에 회계 모듈에 예기치 않은 변화가 생겨 질문 드립니다.

'남자친구 5.0' 버전일 때는 잘 돌아가던 꽃과 장신구가 어플리케이션으로의 접근에 장애가 생겼습니다. 게다가 '남편 1.0' 프로그램이 '로맨스 9.9' 같은 귀중한 프로그램을 지워버렸습니다.

'대화 8.0' 도 더 이상 돌아가지 않고, '집안청소 2.6' 은 시스템을 망가뜨리고 있습니다.
'잔소리 5.3' 으로 문제를 해결해 보려고 했는데 소용이 없네요.

- 절망한 한 사용자가 -

답변 : 절망한 사용자님 보세요

'남자친구 5.0' 은 엔터테인먼트용 프로그램이지만
'남편 1.0' 은 운영시스템이라는 사실을 명심하세요.
'C:/이젠 날 사랑하지 않아?' 라는 명령어를 치고

‘눈물 6.2’ 프로그램을 설치하세요.

그러면 ‘남편 1.0’ 은 ‘죄책감 3.0’ 과 ‘꽃 7.0’ 어플리케이션을

자동적으로 실행할 것입니다.

하지만 과다하게 사용하면 ‘남편 1.0’ 은

‘퉁명스러운 침묵 2.5’ 나

‘독수공방 7.0’ 또는 ‘맥주 6.1’ 을 디폴트로 지정할지도 모릅니다.

‘맥주 6.1’ 은 ‘시끄럽게 코골기’ 라는

음향파일을 만드는 아주 나쁜 프로그램입니다.

절대로 ‘시어머니 1.0’ 이나 또 다른 ‘남자친구’ 프로그램은

설치하지 마십시오.

이것들은 도움이 되지 않는 프로그램으로

'남편 1.0' 을 파괴할 수도 있습니다.

사실 '남편 1.0' 은 꽤 훌륭한 프로그램입니다.
하지만 제한된 메모리를 가지고 있어
새로운 프로그램 습득에 시간이 걸립니다.

성능향상을 위해 추가적인 소프트웨어 구입을 고려해보십시오.
개인적으로 '맛있는 음식 3.0' 이나 '야한 속옷 5.3' 을 추천합니다.

거꾸로 읽어 보세요

다들 잠들다

통술집 술통

아 좋다 좋아

다시 합창 합시다

소주 만 병만 주소

색갈은 짙은 갈색

다 같은 것은 같다

바로크는 크로바

다 이뿐이뿐이다

여보 안경 안보여

자 빨리 빨리 빨자

짐 사이에 이사짐

홀아비집 옆집 비아홀

나가다 오나 나오다 가나

다리 그리고 저고리 그리다

소 있고 지게지고 있소

다시 올 이월이 윤이월이올시다

다 가져가다

건조한 조건

기특한 특기

다 이심전심이다

자꾸만 꿈만 꾸자

다 같은 금은 같다

다 좋은 것은 좋다

생선 사가는 가사선생

여보게 저기 저게 보여

다 큰 도라지일지라도 큰다

대한 총기공사 공기총 한 대

아들 딸이 다 컸다 이 딸들아

지방상인 정부미 부정인상 방지

가련하다 사장집 아들딸들아 집장사 다 하련가

가련하시다 사장집 아들딸들아 집장사 다시하련가

가장 아름다운 여자와 가장 위대한 유언

아름다운 입술을 가지고 싶으면
친절한 말을 하라.

사랑스런 눈을 갖고 싶으면
사람들에게서 좋은 점을 봐라.

날씬한 몸매를 갖고 싶으면
너의 음식을 배고픈 사람과 나누어라.

아름다운 머리카락을 갖고 싶으면
하루에 한 번 어린이가 손가락으로 너의 머리를 쓰다듬게 하라.

아름다운 자세를 갖고 싶으면
결코 너 혼자 걷고 있지 않음을 명심하라.

사람들은 상처로부터 복구되야 하며,
낡은 것으로부터 새로워져야 하고,

병으로부터 회복되어져야 하고,
무지함으로부터 교화되어야 하며,

고통으로부터 구원받고 또 구원받아야 한다.

결코 누구도 버려서는 안된다.

기억하라... 만약 도움의 손이 필요하다면
너의 팔 끝에 있는 손을 이용하면 된다.

네가 더 나이가 들면
손이 두 개라는 걸 발견하게 된다.

한 손은 너 자신을 돕는 손이고,
다른 한 손은 다른 사람을 돕는 손이다.

* 위 내용은 오드리 햅번이 숨을 거두기 일 년 전 크리스마스 이브 때에 아들에게 주었
  던 것이라고 합니다.

바보테스트

스텝·1

다음 각 단어 앞에 '바보' 를 붙여 읽는다.

1 - 나
2 - 이구
3 - 바보
4 - 진짜
5 - 너
6 - 면
7 - 있다
8 - 하고
9 - 도
10 - 아직

스텝·2

다음 각 단어 뒤에 '바보' 를 붙여 읽는다.

1 - 나

2 - 이구

3 - 바보

4 - 진짜

5 - 너

6 - 면

7 - 있다

8 - 하고

9 - 도

10 - 아직

스텝 · 3

다음 각 단어 앞과 뒤에 '바보'를 붙여 읽는다.

1 - 나

2 - 이구

3 - 바보

4 - 진짜

5 - 너

6 - 면

7 - 있다

8 - 하고

9 - 도

10 - 아직

마지막 스텝

다음 단어들을 아래서 위로 읽는다.

1 - 나

2 - 이구

3 - 바보

4 - 진짜

5 - 너

6 - 면

7 - 있다

8 - 하고

9 - 도

10 - 아직

여자들이 정말 원하는 것은 무엇?

젊은 아더 왕이 복병을 만나 이웃나라 왕에게 포로가 되었다.
이웃나라 왕은 아더 왕을 죽이려 하였으나
아더 왕의 혈기와 능력에 감복하여 그를 살려 줄 제안을 한다.

그 제안이란 자기의 질문에 대한 답을 아더 왕이 맞힌다면
살려 주기로 한 것이다.
이웃나라 왕은 질문에 대한 답을 찾을 기한으로 1년을 주었고,
그 안에 답을 찾아오지 못할 경우 처형하기로 하였다.

그 질문은 바로 *"What do women really want?"*
(여자들이 정말로 원하는 것은 무엇인가?)였다.

이러한 질문은 늙은 현자들도 당황시킬 어려운 질문인데
하물며 젊은 아더 왕은 어떠하였으랴.
아더 왕에게는 풀 수 없는 질문으로 보였다.
그러나 죽음보다는 나았기에 아더 왕은 이웃나라 왕의 제안을
받아들여 1년동안 그 질문에 대한 답을 찾아 나섰다.

자신의 왕국으로 돌아온 아더 왕은 모든 백성들에게 물었다.
공주, 창녀, 승려, 현자, 그리고 심지어 광대들에게까지.

하지만 그 누구도 만족할 만한 답을 내놓는 사람이 없었다.
그러자 아더 왕의 신하들이 북쪽에 늙은 마녀가 한 명 사는데
아마 그 마녀는 답을 알 것이니 그 마녀를 데려오는 것이
어떻겠느냐고 제안했다.
그러나 그 마녀는 말도 안되는 엄청난 댓가를 요구하는 것으로
유명하였다.

어느덧 1년이 지나 마지막 날이 돌아왔고, 아더 왕에게는
늙은 마녀에게 물어보는 것 이외에 어떤 선택의 여지도 없게 되었다.
늙은 마녀는 그 답을 알고 있노라고 자신 있게 대답하였지만
예상대로 엄청난 대가를 요구하였다.
그 대가란 아더 왕이 거느린 원탁의 기사들 중 가장 용맹하고
용모가 수려한 거웨인과 결혼하게 해달라는 것이었다.

아더 왕은 충격에 휩싸였고, 주저하기 시작했다.
늙은 마녀는 곱추였고, 섬뜩한 기운이 감돌기까지 하였다.
게다가 이빨은 하나밖에 없었고,
하수구 찌꺼기 같은 냄새를 풍겼으며,
항상 이상한 소리를 내고 다녔다.

아더 왕은 이제까지 이렇게 더럽고 추잡한 생물은 본적이 없었고,
자기의 가장 충성스러운 신하인 거웨인에게

이런 추한 마녀와 결혼하라고 명령할 수가 없었다.

그러나 거웨인은 자기가 충성을 바치는 아더 왕의 목숨이 달려 있는
만큼 주저없이 그 마녀와 결혼을 하겠다고 자원했다.
그래서 결혼은 진행되고,
마녀는 질문에 대한 답을 이야기하였다.

여자들이 정말로 원하는 것은 바로 '자신의 삶을 자신이 주도하는
것, 곧 자신의 일에 대한 결정을 남의 간섭없이 자신이 내리는 것' 이
라고 하였다. What women really want is to be in charge of her own life

정답을 듣자 모든 사람은 손뼉을 치며 그 말이야말로 진실이고,
질문에 대한 정답이라고 하며
이제 아더 왕이 죽지 않게 되었다고 기뻐하였다.
아더 왕은 이웃나라 왕에게 질문에 대한 답을 하였고, 이웃나라 왕은
그것이야말로 정답이라며 아더 왕의 목숨을 보장해주었다.

하지만 목숨을 되찾은 아더 왕은 기쁘기도 하였지만
동시에 거웨인에 대한 일로 근심에 싸여 있었다.
그러나 거웨인은 대단한 사람이었다.

늙은 마녀는 결혼식이 끝나자마자 최악의 매너로

거웨인을 비롯한 모든 사람을 괴롭혔다.
그러나 거웨인은 한 치의 성냄이나 멸시 없이
오직 자신의 아내로 착하게 대했다.

첫날밤이 다가왔다.
거웨인은 자신의 인생에서 최악의 경험이 될지도 모르는
첫날밤을 치루기 위해 침실에 들어갔다.
그러나 정작 침실 안의 광경은 거웨인을 놀라게 하기에 충분하였다.
지금까지 거웨인이 본적이 없는 최고의 미녀가 침대 위에서
그를 기다리고 있었다.

놀란 거웨인이 미녀에게 어찌된 일이냐고 묻자 마녀가 말했다.
"내가 추한 마녀임에도 거웨인이 오직 진심으로 대해주었고,
아내로 인정하여 주었으므로 그에 대한 감사로서 이제부터 삶의 반은
추한 마녀로, 나머지 반은 아름다운 미녀로서 있겠습니다."

그러면서 마녀는 거웨인에게 물었다.
"낮에 추한 마녀로 있고, 밤에 아름다운 미녀로 있는 것이 좋습니까?
아니면, 낮에 아름다운 미녀로 있고, 밤에 추한 마녀로 있는 것이 좋습
니까?"

거웨인은 이 진퇴양난의 딜레마에서 선택을 해야만 했다.

만일 낮에 아름다운 미녀로 있으라고 한다면 주위 사람에게는 부러움을 사겠지만 밤에 둘만의 시간은 어찌 살 것인가.

아니면 반대로 선택한다면 밤시간이야 좋겠지만 낮에 추한 마녀로 있어 주위 사람의 비웃음을 어떻게 감당할 것인가.

여기서 잠깐!
당신이라면 어느 것을 선택하겠는가?
거웨인의 선택은 아래에 있다. 하지만 당신이 먼저 선택을 하고,
그리고나서 거웨인의 선택을 확인하기 바란다.

거웨인은 마녀에게 말했다.
"나는 당신이 선택하는대로 따르겠소."

그 말에 탄복한 마녀는 반은 마녀, 반은 미녀 할 것 없이 항상 아름다운 미녀로 있겠노라고 했다.
이유는 거웨인이 자신에게 직접 선택하라고 할 만큼 자신을 존중해주었기 때문이라고 하였다.

http://www.Trueye.net
http://cyworld.com/psw525

이에는 이, 말장난엔 말장난

서울의 잼난 동이름

- 노래 가락 구성지다 가락동
- 고 스톱 칠 때마다 가리봉동
- 세금을 제때 내도 가산동
- 모든 영화는 이곳에서 개봉동
- 엄동설한에도 꽃이 피는 개화동
- 빈부격차 심해도 공평동
- 넓어서 좋구려 광장동
- 너도나도 팔자걸음 군자동
- 좋은 일만 있으라고 길동
- 할아버지가 놀기 좋은 노유동
- 장관은 따 놓은 당상 대신동
- 데모꾼이 없어도 허구헌 날 대치동
- 나무만 많구만 왜 독산이야? 독산동
- 에구야! 너무 멀다 만리동
- 이 동네로 가면 쌀 한 바가지만 있어도 만석동
- 인정도 사정도 없는 모진동
- 잘못한 것 없이 면목없는 면목동
- 황소 타고 피리 부는 목동
- 설마 아기 잃었다는 뜻 아니겠지 미아동
- 못 배워서 서러운 무학동

- 학교가 있으나마나 방학동
- 불조심 합시다 방화동
- 떼돈은 여기에서 벌자 번동
- 허구헌 날 제사만 지내겠네 사당동
- 나무가 많대요 산림동
- 일전보단 많네 삼전동
- 서로 비긴 걸로 합시다 상계동
- 이산가족 만나자고 상봉동
- 참아봤자 소용없는 성내동
- 보낼 것 없는데도 수송동
- 현금 한 푼 없는 수표동
- 멋쟁이들만 사는 신사동
- 새로 차림 없어도 신설동
- 사주팔자 좋고 좋다 신수동
- 외짝문 달린 집은 없어요 쌍문동
- 삼강오륜 행실 좋은 오륜동
- 찬물만 쏟아져도 온수동
- 가고 또 가도 끝없는 왕십리
- 두 동네가 아니라도 이촌동
- 아무리 비싸도 1원에 삽시다 일원동
- 소귀에 경을 읽는 우이동
- 무슨 일이든지 연결돼요 중계동

- 땅 귀신은 어데 가고 천왕동

- 몇 만 세대가 사는데……? 천호동

- 역적은 한 사람도 없다 충신동

- 요조숙녀 갈곳 없는 화양동

시골의 잼난 마을 이름

- 전남 구례군 광의면 방광리
- 광주광역시 서구 화정동 방구마을
- 전북 순창군 풍산면 대가리
- 울산광역시 울주군 온양읍 발리
- 경남 김해시 진영읍 우동리
- 경북 군위군 의흥면 파전리
- 경남 양산시 웅상읍 소주리
- 경남 거제시 일운면 망치리
- 충북 증평군 증평읍 연탄리
- 전남 해남군 해남읍 고도리
- 경남 김해시 불암동
- 경북 영천시 북안면 효리마을

2층과 20층의 차이점

2층에서 떨어질 때
퍽! 으아아아아아아아아아아악!

20층에서 떨어질 때
으아아아아아아아아아아악! 퍽

이상한 대화

학생 : 닭꼬치 하나만 주세요.

주인 : 여기.

학생 : 감사. 안녕히 계세요 ~

주인 : 학생, 돈 내야지.

학생 : 준다면서요.

주인 : 아 ~ 그렇지.

미용실에서

주인 : 어떻게 깎아드릴까요?

손님 : 천 원만 깎아주셈.

음식점에서

점원 : 손님, 또 뭐 시키실꺼 있으세요?
손님 : 국좀 식혀주세요.

깡패를 만났을 때

불량배 : 야! 얼마 있어?
맹구 : 어, 얼마까지 아, 알아보셨는데요?

인생에서의 공식

사랑의 수학공식

똑똑한 남자+ 똑똑한 여자= 로맨스

똑똑한 남자+ 멍청한 여자= 바람

멍청한 남자+ 똑똑한 여자= 결혼

멍청한 남자+ 멍청한 여자= 임신

일

똑똑한 상사+똑똑한 부하직원=이윤 혹은 흑자

똑똑한 상사+멍청한 부하직원=생산

멍청한 상사+똑똑한 부하직원=진급

멍청한 상사+멍청한 부하직원=연장근무

쇼핑에 관한 공식

남자는 꼭 필요한 1달러짜리 물건을 2달러에 사온다.

여자는 전혀 필요하지 않은 2달러짜리 물건을 1달러에 사온다.

수명

결혼한 남자는 평생 혼자 산 남자보다 수명이 길지만,
죽고 싶어 하는 사람 또한 많다.

통계

여자는 결혼할 때까지만 미래에 대해 걱정한다.
남자는 전혀 걱정없이 살다가 결혼하고 나서부터 걱정이 생긴다.

성공

성공한 남자란 아내가 쓰는 돈보다 많이 버는 사람이다.
성공한 여자는 그런 남자를 만나는 것이다.

행복

남자와 행복하게 살려면 반드시 최대한 많이 그 남자를 이해하려
노력해야 하고, 사랑은 쪼금만 해야 한다.
여자와 행복하게 살려면 그녀를 아주 많이 사랑하되
절대 그녀를 이해하려 해선 안된다.

변화성향

여자는 결혼 후 남자가 변하길 바라지만 남자는 변하지 않는다.
남자는 결혼해도 여자가 변하지 않길 바라지만 여자는 변한다.

세계에서 가장 웃기는 농담

세계에서 가장 재미있는 농담은 어떤 것일까?

영국 하트퍼드셔대학의 교수 리차드와 이즈먼박사의 연구팀인 래프랩(LaughLab)과 영국과학진흥협회는 온라인을 통해 1년여 동안 '웃음프로젝트'를 공동으로 실시한 결과, 세계에서 가장 인기 있었던 농담 1, 2위는 아래와 같았다.

1위

뉴저지의 사냥꾼 두 명이 숲을 가다 한 명이 갑자기 쓰러졌다.

그는 숨을 쉬지도 않고 눈이 돌아가 있었다.

다른 한 명이 휴대폰을 꺼내 긴급구조센터에 전화를 걸어 교환에게 다급하게 외쳤다.

"친구가 죽었어요! 어떻게 하면 좋죠?"

교환은 침착하고 조용하게 말했다.

"진정하세요. 도와드릴게요. 우선 정말 죽었는지 확인하세요."

잠시의 침묵 후, 한 발의 총소리가 들리고 사냥꾼의 목소리가 전화를 통해 다시 들렸다.

"확인했어요, 이제 어떻게 하죠?

2위

설록홈즈와 윗슨이 캠핑을 가서 즐겁게 저녁을 먹고 와인 한 병을 마신 뒤 잠자리에 들었다. 몇 시간이 지난 후에 홈즈가 친구를 깨웠다.

"왓슨, 하늘을 보고 뭐가 보이는지 말해봐."

"별이 수백만 개 보이는데."

"그래서 뭘 추리할 수 있지?"

왓슨이 잠시 생각을 했다.

"글쎄, 천문학적으로 말하면 은하계가 수백만 개 있고 행성이 수십억 개 있다는 거겠지. 점성학적으로는 토성이 사자자리에 있고, 시계학 상으로는 시간이 3시 15분쯤 된거고. 기상학적으로는 내일 날씨가 아주 좋을 것 같군. 신학적으로는 하나님이 전능하고 우리는 커다란 우주의 아주 작고 하찮은 존재라는 거지. 자네는 뭘 알 수 있나?"

홈즈가 잠시 조용히 있다가 말했다.

"왓슨, 자네는 바보로군! 누가 우리 텐트를 훔쳐갔잖아!"

우리와는 정서가 안 맞아서인지 좀 서~얼~렁 하네요. ㅎㅎ

황당 유머들

억울하게 죽은 사람들

달리는 버스가 고가도로를 넘어가다 뒤집어져 많은 사람이 죽었다.
억울하게 죽은 사람 네 명을 꼽으면.

- 결혼식이 내일인 총각.
- 졸다가 한 정거장 더 가는 바람에 죽은 사람.
- 버스가 출발했는데도 억지로 달려가 간신히 탔던 사람.
- 69번 버스를 96번 버스로 잘못 보고 탄 사람.

자네도 봤군

주인 처녀가 목욕하는 장면을 창밖으로 들여다본 앵무새가 계속
"나는 봤다. 나는봤다"고 지껄여댔다.
처녀는 화가나서 앵무새의 머리를 빡빡 밀어버렸다.
며칠 뒤, 군대에 간 처녀의 남자친구가 휴가를 받아 집에 놀러왔는데
머리가 빡빡이었다.
이것을 본 앵무새가 지껄였다.
"자네도 봤군. 자네도 봤군."

진찰실에서

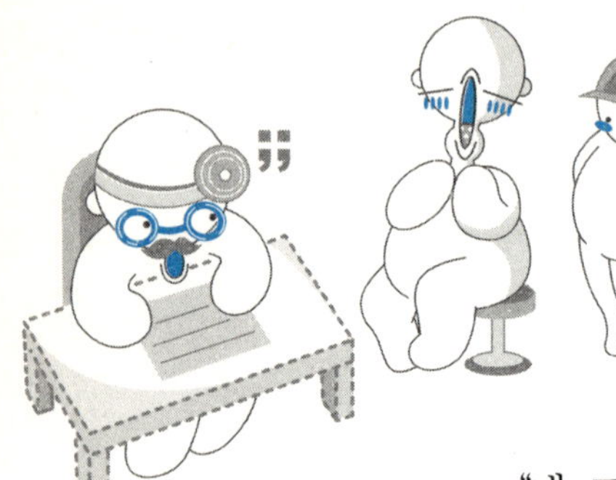

진찰실에 두 사람이 들어왔다.

한 사람이 말했다.

"골프공이 목에 걸렸어요."

"네, 그런데 같이 온 사람은 보호자입니까?"

그러자 다른 한 사람이 말했다.

"아니요, 저는 공 주인인데요."

당황 & 황당

똥을 누려고 힘을 주다가
방귀가 나오면 당황하는 것이요,
방귀를 뀌려고 힘을 주다가
똥이 나오면 황당한 것이다.

또 트럭 뒤에서 똥을 누고 있는데
트럭이 앞으로 가면 당황하는 것이요,
트럭이 뒤로 오면 황당한 것이다.

처녀 뱃사공

소양강 처녀 뱃사공 이야기.

하루는 어떤 총각이 배를 타더니 장난을 걸었다.

"내가 당신의 배를 탔으니 이제 당신은 나의 아내요."

이윽고 배가 강 건너편에 도착해 그 총각이 배에서 내리자 속삭였다.

"너는 이제 내 배에서 나갔으니 내 아들이다."

럭키세븐

최불암이 꿈을 꾸었는데 그 내용이 도무지 생각이 나지 않았다.

그러나 숫자 7 하나만은 생각났다.

무심코 달력을 보니 7월 7일이었다.

시계를 보니 시계바늘이 7시 7분 7초를 막 지나가고 있었다.

최불암은 오늘은 뭔가 되는 날이구나 생각하고 전재산을 모두 정리해 가지고 나왔다.

그때 마침 77번 버스가 오는지라 얼른 탔더니 과천 경마장에 서는 게 아닌가!

최불암은 신의 뜻이라 생각하고 경마장으로 들어갔다.

그런데 묘하게도 77번 경기가 막 시작되려는 참이었다.

우와! 세상에 이럴 수가?

최불암은 7번 말에 전 재산을 몽창 걸었다.

아!! 그런데, 그런데, 이놈의 말이 글쎄,
으흐흐흐, 7등을 했지 뭡니까?ㅋㅋㅋ

돌팔이 진찰기

의사 : 어디 불편한 데는 없습니까??
환자 : 숨을 쉬기만 하면 몹시 통증이 느껴집니다.
의사 : 그럼 곧 숨을 멈추게 해 드리죠.ㅋㅋ

은행 강도?

최불암이 며칠을 굶은 끝에 결국 은행을 털기로 했다.
어렵게 은행에 잠입한 최불암이 천신만고 끝에 대형금고를 열자 그 안에는 다시 그보다 작은 금고가 있었다.
그 금고를 열자 또 작은 금고가, 그리고 또 작은 금고가, 그리고 또 작은 금고가…… 마지막으로 아주 작은 금고가 남았다.
큰 기대를 가지고 그것을 열자 요구르트 병이 나왔다.
최불암은 열 받아서 수십 병의 요구르트를 모조리 마셨다.
그리고 다음날 아침, 조간신문에서 이런 기사를 읽었다.
'정자은행 털리다'
ㅋㅋㅋㅋㅋㅋ

떼죽음

다리를 건너면서 말을 하면 죽는다는 다리가 있었다.

그런데 할머니 세 분이 그 다리를 건너게 되었다.

첫째 할머니가 컴컴한 다리 위로 촛불을 들고 가는데 바람이 불어

촛불이 꺼졌다.

첫째 할머니 : 누가 불을 껐어?

둘째 할머니 : 누가 말을 하누?

세째 할머니 : 나는 암말도 안했다.

가만이나 있을 것이지

어느 시에서 100번째로 그 시내로 들어오는 차의 운전수에게

백만 원을 주기로 했다.

마침내 100번째 차량이 들어왔다.

기자들이 우루루 몰려가서 행운의 주인공에게 질문을 던졌다.

"축하드립니다. 백만 원을 받으면 뭘 하시겠습니까?"

그러자 운전석에 있던 남자가 대답했다.

"면허를 따겠습니다."

기자들이 물었다.

"아니, 무면허 운전이십니까?"

그랬더니 옆에 있던 아내기 얼른 가로막고 나섰다.

"어머, 죄송합니다. 이 이가 그만 술김에……."
"아니 그럼 음주운전?"
그러자 뒤에 있던 아이가 참견했다.
"거봐요. 훔친 차는 오래 못 간다니까요."

치과에서

환자 : 이 하나 빼는 데 얼마지요?
의사 : 2만 원입니다.
환자 : 단 일 분도 안 걸리는데요?
의사 : 원하시면 천천히 뽑아 드릴 수도 있어요.

1.

영국의 Leeds에 사는 26세의 점원 Walter Hallas는 평소 너무도 치과 병원에 가기를 무서워한 나머지 충치가 아파 더 이상 견딜 수 없게 되자 동료에게 자신의 턱을 치게해서 그 아픈 이빨의 뽑으려고 했다.
그런데 그 동료가 턱을 너무 세게 치는 충격에 넘어져 뇌진탕으로 즉사했다... -_-;

2.

아일랜드 시골에서 공장을 운영하던 George Schwartz는 자신의 공장이 한쪽 벽만 제외하고 완전히 파괴될 정도의 폭발사고에도 불구하고 폭발 당시 무너지지 않은 바로 그 벽 옆에 서 있었던 관계로 약간의 찰과상만 입고 기적적으로 살았다.
그는 병원에서 몇 일간 간단한 치료를 받고 퇴원하였으나 공장 잔해에서 자신의 서류를 챙기다가 남아 있던 한쪽 벽이 갑자기 무너져 깔려 죽었다... -_-;;

3.

1983년, 뉴욕의 Carson부인은 평소 지병인 심장병으로 사망판정을 받고 관 속에 안치되었다. 그러나 그녀는 조문객들이 보는 가운데 관 두껑을 열고 벌떡 일어났다. 다시 살아 난 것이다.

그런데 그녀의 딸이 그걸 보고 놀라 심장마비로 즉사했다. -_-;;;

4.

1977년, 뉴욕에서 한 남자가 차에 치었으나 별 부상을 입지 않고 벌떡
일어났다.그런데 그걸 본 목격자가 그러지 말고 다친 척하고 차 앞에
쓰러져 있다가 나중에 보험금을 타라고 귀뜸을 해주자 그는 차 앞에
다시 엎드렸는데 바로 그 순간 차가 다시 출발했다.
물론 죽었다... -_-;;

5.

1993년, 달라스에서 높이가 너무 낮은 터널이나 육교의 위험성을 알
려 일반인들의 경각심을 불러일으킬 목적으로 홍보 영화를 촬영 중이
던 Mike Stewart는 자신의 타고 촬영하던 트럭이 높이가 너무 낮은 육
교 밑을 지나간다는 것을 모르고 계속 촬영하다 육교에 걸려 죽었
다... -_-;

6.

이태리 피사에 사는 Romolo Ribolla는 오랫동안 직업을 구하지 못해 장기 실업 상태에 있던 자신의 처지를 비관, 권총을 머리에 대고 자살을 기도했다. 그 광경을 목격한 그의 아내가 1시간에 걸친 설득 끝에 간신히 그를 안정시키고 총을 내려 놓게 만들었는데 울음을 터뜨리며 총을 마루 바닥에 내려 놓는 순간 총이 오발하여 애꿎은 아내가 총에 맞았다.

부인 사망…

7.

벨기에의 Antwerp에서 좀도둑이 주인의 신고를 받고 출동한 경찰을 피해 뒷문으로 다급히 빠져나가 3미터가 넘는 담을 간신히 넘어갔다. 그런데 옷을 털고 일어나 보니 시립 형무소였다고…….

8.

1976년, 22세의 아일랜드 청년 Bob Finnegan은 Belfast에서 도로를 건너다가 달려오던 택시에 부딪혀 택시 지붕 위로 붕 떠서 한참을 날아간 후 떨어졌다.

택시는 뺑소니를 쳤고…

그가 기절한 채로 도로 위에 누워 있는 동안 또 한 대의 차가 달려와 그를 치어 이번에는 노견으로 굴러 밀려났다. 그의 주변으로 사람들이 모여 웅성거리고 있을 때 이번에는 봉고가 달려들어 주변에 서 있던 사람 셋을 들이받고 또한번 Bob Finnegan까지 치고 달아났다. 저 멀리서 네 번째 자동차가 달려오자 이번에는 사람들이 모두 피했고 오직 한 사람만 치었는데 바로 Bob Finnegan이었다. 단 2분 사이에 4번의 교통사고를 당한 Bob Finnegan은 팔, 다리가 부러지고, 두개골이 함몰되고, 골반이 내려앉고... 기타 등등...
그래도 죽지는 않았다함.......ˉ_ˉ;;;;;;;;

9.

헝가리 시골을 오토바이로 여행하고 있던 Critso Falatti는 기찻길 건널목에서 차단기가 내려와 건널목 앞에 섰다. 열차가 지나가길 기다리는 동안 염소 한 마리를 끌고 한 농부가 그의 뒤에 섰다. 그 농부는 염소목줄을 내려온 차단기에 걸어 놓고는 그와 이야기를 나누는 사이, 이번에는 마차가 그의 옆에 섰고, 바로 뒤에는 스포츠카가 섰다. 잠시 후...
기차가 커다란 소리를 내며 지나가는 순간, 놀란 말이 Falatti의 팔을 물어버렸다. Falatti는 화가 나서 말의 마빡을 주먹으로 내려쳤고, 그러자 말주인이 마차에서 내려와 그와 싸우게 되었고, 주인이 싸우는 것에 더욱 놀란 말이 갑자기 뒤로 달리는 바람에 뒤에 서 있던 스포츠카를 마차로 들이받아 스포츠카 뚜껑을 날려버렸다. 이에 스포츠카 운전사도 내려서 싸움에 끼어들었고, 잠자코 있던 농부가 이들을 말리는 사이 차단기가 올라가 염소가 졸지에 교수형 당하고 말았다.
이 사건은 헝가리 보험사고 사상 가장 복잡한 사고였다고 함. ˉ_ˉ;;;;;;;

10.

독일 소도시 Guetersloh에서 짙은 안개 속을 운전하던 두 운전자가 교통사고를 당해 둘 다 중상을 입었다. 그런데 그들의 차는 흠집 하나 없었다. 도대체 어떻게 된 걸까? 나중에 병원에서 정신을 차린 이들이 진술한 바에 따르면 하도 안개가 짙어 중앙선조차 잘 보이지 않자 둘다 운전석 창밖으로 목을 내놓고 주위를 살피면서 달리다가 맞은편에서 목을 내놓고 달려오던 상대방 마빡을 서로 박치기한 것이었다고.....o.O;;;; 차는 전혀 부딪히지 않고..
세계 유일의 마빡 정면충돌 사고였다 함.

11.

1979년 영국에서 나이 18세에서 29세의 청년 일곱 명이 각각 3~4년의 실형을 선고받은 사건이 있었다. 서로 일면식도 없이 전혀 모르던 사이였던 이 일곱 명의 젊은 인생을 망친 사건의 발단은 이러했다. 그들 중 한 명이 역에서 기차를 기다리면서 먹고 있던 감자칩을 던진 것이 옆에 서 있던 남자에게 우연히 맞은 데서부터였다고... 일부러 던진 것이네, 아니네, 하다가 싸우고, 옆에서 말리고, 말리다 싸우고, 또 그걸 말리다 싸우고, 또 구경하다 싸우고...
나중에는 30명이 어우러지는 초대형 집단 난투극이 됐다함.

정치인과 개의 공통점

1. 가끔 주인도 몰라보고 짖거나 덤빌 때가 있다.

2. 먹을 것을 주면 아무나 좋아한다.

3. 어떻게 짖어도 개소리다.

4. 자기 밥그릇은 절대로 뺏기지 않는 습성이 있다.

5. 매도 그때뿐 옛날 버릇 못 고친다.

6. 미치면 약도 없다.

아루마루 모놀로그
- 일석이조

글/한메산
그림/고훈

이를 한자성어로 하면??

이런 것도 있었습니다

1. 인간이 할 수 있는 일을 하는 사람=보통사람.
2. 인간이 할 수 없는 일을 하는 사람=기업인.
3. 인간이 해서는 안될 일을 하는 사람=정치인.

성형수술

수술하고 싶을 때

1. 내 눈과 단추구멍이 구분이 안될 때.
2. 소나기가 내렸는데 코에 빗물이 들어갈 때.
3. 면접 보러 갔더니 면접관들이 먼 산만 보며 질문할 때.

수술한 것을 후회할 때

1. 남자친구에게 성형수술했다고 고백했더니 돈 벌면 다시 해준다고
   할 때.
2. 돈 들여 수술하고 나이트클럽에 갔는데 '물 흐린다.' 고 쫓겨날 때.
3. 눈, 코, 입 모두 수술했는데 10년만에 만난 친구가 나를 알아볼 때

요즘 B형이 수모를 겪는다

보통 B형이라고 하면 죄다 성격 더러운 줄 안다. -_-
무슨 다혈질에 독선적이고…… 여하튼 나쁜 건 싸그리 모아놨댄다.
실제로 그럴까?? 오해를 풀기 위해 매력적인 B형을 검색했다.
자, B형을 보자.

박용하 / 차승원 / 오종혁 / 강동원 / 최수종 / 조인성 / 윤계상 /
박준형 / 김태우 / 강두 / 임창정 / 강타 / 김경록 / 에릭 / 전진 /
세븐 / 김재원 / 송승헌 / 이지훈 / 이현우 / 환희 / 윤건 / 이적 /
소지섭 / 류승범 / 강성훈 / 감우성 / 김남진 / 이성재 / 박신양
자, 이래도 B형이 별로인가??

이런 답 꼭 있다

문제 - 정약용의 형 정약전이 흑산도에서 저술한, 우리나라 주변의 어족과 그 정보에 대해 저술한 책은?

정답 : 자산어보.

보통 인간들 답 : 목민심서

엽기적인 인간 답 : 월간낚시

문제 - 한국 광복군 탄생의 계기가 된 의거로서, 1932년 상하이 홍커우 공원에서 거행된 일제의 전승 축하식장을 폭파한 의사는 누구인가?

정답 - 윤봉길

많은 학생들이 적은 답 - 안중근

엽기적인 인간 답 - 윤복길 (전원일기의 출연자)

문제 - 유전적 원인 등에 의한 뇌 기능 이상으로 지능발달이 떨어지고 인격이 제대로 형성되지 못한 상태에 있는 정신 장애의 명칭을 4자로 적으시오.

정답 - 정신박약

일부 답 - 정신불량, 정신병자, 소아마비 등

엽기적인 인간 답 : 돌대가리

문제 - 수신자가 요금을 부담하는 전화인데, 전화로 상품주문, 항공권 예약등을 하는 경우에 수신자측인 기업에서 요금을 부담하는 서비스는?

정답 - 클로버 서비스

아주 많았던 답 - 수신자 부담 서비스 (정답 인정 안됨! 문제 그대로니까)

엽기적인 인간 답 : 나는 018이다

문제 - 1995년에 출범하여 공산품과 농산물 및 서비스 교역에까지 무역자유화를 추구하는 국제 경제기구는?

정답 - W.T.O (빈칸이 3개 주어졌었음)

그 외의 답들 - I.M.F(정답보다 더 많았음) W.H.O 나 W.P.O

엽기적인 인간 답 : U-N (엽기적으로 3칸을 채움)

문제 - 행진을 할 때 어느 쪽 발을 먼저 내밀까요?

정답 - 왼발

엽기적인 인간 답 : 앞발

문제 - "미닫이"를 소리 나는 대로 쓰시오

정답 - "미다지"

엽기적인 인간 답 : "드르륵"

저주 풀어주는 글

요즘 하도 인터넷에 저주글이 돌다보니 이런 글도 · ·

이 글을 보는 즉시 지금까지 걸린 저주가 모두 풀리게 되며 앞으로 영원히 어떠한 저주도 먹히지 않게 됩니다. 어머니 절대로 내일 안 죽고, 아버지 절대로 교통사고로 죽지 않습니다. 뒤에서 귀신이 꼴아보는 일도 없고 1시간 안에 몇십 개 돌릴 필요 없습니다. 이 글 돌릴 경우에만 풀리는 것도 아닙니다. 그냥 보기만 하면 저주 풀립니다. 게다가 당신은 언브레이커블이 됩니다. 이제 당신은 찝찝해 할 필요가 없으며 무적이 됩니다. 당신이 있는 곳 반경 5Km이내는 언제나 재수가 좋게 됩니다. 그리고 앞으로 어떤 저주글에도 영향받지 않습니다.

제3부

HUMOURGUERILLAHUMOURGU

짧은 유머

인간의 웃음은 하나님의 예술이다.
- J. 와이스

만약에 공부하고 게임이 서로 바뀐다면?

1. 시험 끝나고 친구들끼리

철수 : 야, 이번에 스타, 몇 연승이
　　　 나 했냐?

영수 : 으응……. 10연승해서
　　　 100점 받았는데, 필기
　　　 땜에 다 망쳤어. 결국
　　　 스타는 20점 떨어졌
　　　 어. 나 오늘 엄마한
　　　 테 맞아 죽을 것 같
　　　 어.

철수 : 나 진짜 학교 다
　　　 니기 싫어. 너
　　　 디아는 몇점 받았냐?

영수 : 저번보다 12점 올랐어. 피케에서 많이 이겼거든.

철수 : 열라 좋겠따. 아, 띠불. 난 4번 문제 블리자드에서 만든 겜 중
　　　 젤 먼저 나온 순서대로 적는 거 있잖아, 그거 모르고 디아2 다
　　　 음에 스타 적어버려가지고…… 제길, 열받네. 이번에 디아랑
　　　 스타가 어렵게 나왔잖아. 아, 띠불, 겜은 누가 만든 거야. 야! 짱
　　　 나는데 도서실 가서 한국지리나 한판 때리자.

영수 : 수학도 조금 땡기고.

철수 : 매일같이 공부만 함 좋겠다. 저번에 시립도서관에 새책 더 들
어 왔어.

영수 : 진짜? 삼국사기랑 용비어천가 읽었는데, 진짜 잼 있더라.

철수 : 역사책이랑 사회책이랑 수업시간에 몰래 보다가 다 뺏겼어.

영수 : 국어사전 요즘에 구하기 힘들잖아.

철수 : 미치겠어. 어서 가자. 나 오늘 문제집 사야 돼.

영수 : 게임피아랑 PC파워 말야?

철수 : 응, 거기다가 부록으로 나오는 겜 클리어 파일 제출하는 게
RPG과 방학숙제야.

영수 : 크…… 이제 섬 끝났는데 또 게임이냐?

철수 : 그러게 말이야. 나 오늘 PC방 또 등록해야 되겠어.

영수 : 또? 너 벌써 PC방 4개 다니자나. 너두 절라 불쌍타.

철수 : 어쩔수 없지 뭐! 그런데 말이야. 요새 두산에서 국어 새로운 버
전 나왔던데.

영수 : 정말? 빨랑 가자. 그거 어느 도서관에 나왔냐?

철수 : 도서관에는 다 깔렸지. 빨랑 가자.

2. 시험 끝나고 집에서

엄마 : 야, 너 이번에 스타 20점 떨어졌지.

영수 : 엄마, 미안해. 나두 나름대루 최선을 다했어.

엄마 : 옆집 순희는 이번에 전교 1등 했다더라. 그러게 공부는 왜 해,
　　　공부는…….

영수 : 순희는 원래 마우스 컨트롤도 빠르지만 손도 빠르잖아.

엄마 : 너는 손이 느려, 컨트롤이 느려? PC파워랑 게임피아 사 왔지?
　　　빨리 가서 게임 해! 너 앞으로 공부하지 마! 하기만 해 봐라.

영수 : 엄마, 공부만은 안돼. 오늘부터 열심히 스타 할께.

3. 학교

선생님 : 너희 반 오늘이 머드 겜과 좋은 아템 줍기 과목이냐?

똘이 : 아닌데요. 오늘은 렙 빨리 높이긴데요.

선생님 : 그래? 이런…… 자, 다들 미르2 접속해라.

애들 : 네!

선생님 : 자, 선생님 렙은 몇?

애들 : 46이요!

선생님 : 선생님은 6개월 했다. 자, 우선 렙을 빨리 올리려면 필기해라.

〈필기〉

1. 오래 한다.

2. 많이 한다.

3. 열심히 한다.

4. 밤 샌다.

4. 종례시간

담임 : 너네 이번 중간고사 평균 10점 떨어졌지? 앞으로 1주일 동안
　　　도서관출입 금지다.

민수 : 앗! 선생님! 뭐예여? 그딴 게 어디 있어요!

담임 : 너네 성적 그 따위로 받아놓고 그딴 말이 나와? 그리고, 남아서
　　　자율게임 좀 하다가 가라. 1주일 안에 전과목 렙을 3씩 올리고,
　　　스타유닛 컨트롤 3번씩 하고, 리플레이파일 저장해 와!

애들 : 선생님, 그건 말도 안돼요!

담임 : 그리고, 다음 기말고사 범위는 워크3 기초편에서 활용편까지
　　　다. 까먹지 않도록 필기해 놓고. 이상이다. 반장, 인사해라.

5. 공부할 때

엄마 : 너 또 공부해?

영수 : 1시간만 하구 게임할게.

엄마 : 너 공부하지 말랬지.

영수 : 엄마, 그래두 수학이 넘넘 잼이딴 말야.

엄마 : 공부하면 뭐가 좋아? 공부 잘 한다구 대학 가니? 빨리 가서 겜
　　　해! 그래야 서울대 가지.

영수 : T·T

6. 게임할 때

엄마 : 아이구, 우리 철수가 이제 철들었네. 게임도 하고…….

철수 : 엄마, 나 짐 7시간째야. 넘 무리하는 거 같아. 아, 글고 디아 확
장 팩이랑 해리포터 시디 사야 되는데…….

엄마 : 알았어. 자, 돈! 사고 남더라도 교과서 같은 거는 좀 사지 마. 공
부하는데 시간 빼앗길 때가 아니잖니?

철수 : 알았어.

엄마 : 그래, 넌 서울대학 들어갈 거다. 근데, 니네 형은 매일같이 공
부만 하니 어떻하니……. 엄마가 아주 속이 썩는다, 썩어.

철수 : 형도 언젠간 겜 열심히 하겠지. 엄마, 나 앞으로 겜 마니 할께.

엄마 : 장하다 우리 철수. 엄마에게는 철수밖에 없다. 조금 있다가 공
부 3시간 시켜주마! 거기다가 이번 성적 올리면 특별 보너스로
과학 동영상 시디랑 문제집 사주마.

철수 : 역시 나한텐 엄마밖에 없어!

알파벳 퀴즈

닭이 낳는 것=R

기분 잡칠 때=A

먹구름 뒤에=B

수박 속에 든 것=C

임신 후 낳는 것=I

몸에 들어가면 간지러운 것=E

코가 간지러우면=H

모기의 밥=P

징그러운 꼬리를 가진 것=G

기발한 생각이 날 때=O

시작을 알리는 싸인=Q

유럽인이 즐겨마시는 것=T

너, 당신, 니를 뜻하는 단어=U

잘난척 할 때=M

없으면 궁하구, 있으면 골치 아

픈 것=N

수술하기 쉬운 사람

외과의사 4명의 대화.

첫번째 의사가 수술하기 쉬운 사람에 대해 말을 꺼냈다.

"나는 도서관 직원들이 가장 쉬운 것 같아.

그 사람들 뱃속의 장기들은 가나다 순으로 정렬되어 있거든."

그러자 두 번째 의사.

"난 회계사가 제일 쉬운 것 같아. 그 사람들 내장들은 전부 다 일련번호가 매겨 있어."

세 번째 의사.

"난 전기 기술자가 제일 쉽더라. 그 사람들 혈관은 색깔 별로 구분되어 있잖아."

네 번째 의사.

잠시 생각에 잠기더니 이렇게 말을 받았다.

"난 정치인들이 제일 쉽더라구. 그 사람들은 골이 비어 있고, 뼈대도 없고, 쓸개도 없고, 속알머리 배알머리도 없고, 심지어 안면도 없잖아."

수술하기 쉬운 사람

끝말잇기

경상도 할머니와 서울 할머니가 끝말 잇기를 하기로 했다.

서울 할머니 : 계란.

경상도 할머니 : 란닝구. (러닝 셔츠)

서울 할머니 : .... ;;

경상도 할머니 : 와예?

서울 할머니 : 외래어는 쓰면 안돼요.

경상도 할머니 : 그라믄 다시 합시더.

서울 할머니 : 타조.

경상도 할머니 : 조~오 쪼가리~. (종이 쪽지)

서울 할머니 : 단어는 한개만 사용해야 돼요.

경상도 할머니 : 알았습니더. 다시 해보소.

서울 할머니 : 장롱.

경상도 할머니 : 롱갈라묵끼. (나눠먹기)

서울 할머니 : 사투리도 쓰면 안돼요.

경상도 할머니 : 그라마 함마 더해봅시더.

서울 할머니 : 노을.

경상도 할머니 : 을라! (아이)

서울 할머니 : 집어쳐!

의식주
http://www.Trueye.net
http://cyworld.com/psw525
세상을 살아가는데 가장 기본적으로 필요한게 먼게?
그..글쎄 머..먼데..
교과서도 안 봤냐? 그것은 의식주다!
헛..
장난하냐?!! 그정돈 알고있다고!
아야~
아야~
먼데? 먼데?? 말해봐!!
오.... 그렇지~
첫째! '의' 입을 옷이 필요 하다는 이야기지
오오오~~ 그럼 세번째는?
둘째! '식' 살려면 먹어야 하지 않겠어?
그렇지~ 그렇지~
셋째! '주' 사람이 술 없이 어떻게 사냐
...가 아니잖아!
애..??? 아..아니였어?
우리 같이 합주 할래?

화상

어떤 사내가 양쪽 귀에 심한 화상을 입고 응급실로 달려왔다.

끔찍한 그 광경을 본 의사가 물었다.

"아니, 어떻게 했기에 귀에 이런 심한 화상이 생기신 겁니까?"

"으, 제가 다림질을 하고 있었는데 갑자기 전화가 오잖아요. 그래서
무의식적으로 전화를 받는다는 게 그만 다리미를….."

"이런, 그럼 다른 쪽 귀는 어떻게 된 건가요?"

환자가 무덤덤하게 대답했다.

"그 녀석이 또 전화를 걸잖아요!"

그 엄마에 그 딸

선생님이 수업시간에 한 눈을 잘 파는 여학생의 어머니를 모셔놓고
상담을 했다.

"딸에게 그런 문제가 있는 것을 눈치채지 못하셨나요?"

그러자 어머니는 벽 쪽을 가리키며 물었다.

"선생님, 그런데 저기 있는 창틀이 알루미늄 창틀, 맞나요?"

음악가들의 일화

1.

헨델은 젊었을 때 이발사의 딸을 좋아했다.

그래서 그녀의 환심을 사기 위해 오라토리오 '메시아'의 악보를 선물로 주었다. 그러나 그녀가 별다른 반응을 보이지 않자 헨델은 초조해서 직접 찾아가기로 했다.

그는 '메시아'의 하이라이트라고 할 수 있는 '할렐루야 코러스'에 대해 이야기해 볼 생각이었다.

헨델이 이발소에 들어 왔을 때, 그녀는 손님의 머리카락을 자르고 있었다. 헨델은 구석에 숨어 그녀를 엿보았다.

잠시 후, 그녀가 머리를 다 자르고 자기 아버지에게 이렇게 소리쳤다.

"아버지, 헨델의 악보 몇장만 찢어다 주세요.
머리칼 쓸어 담게요."

2.

브람스가 파티에서 배짱 좋은 부인들에
게 둘러싸였다.
대화 도중 브람스는 대답이 궁색해
지자 시가에 불을 붙였다.
시가는 보통 담배보다 연기가
많고, 또한 독하다.

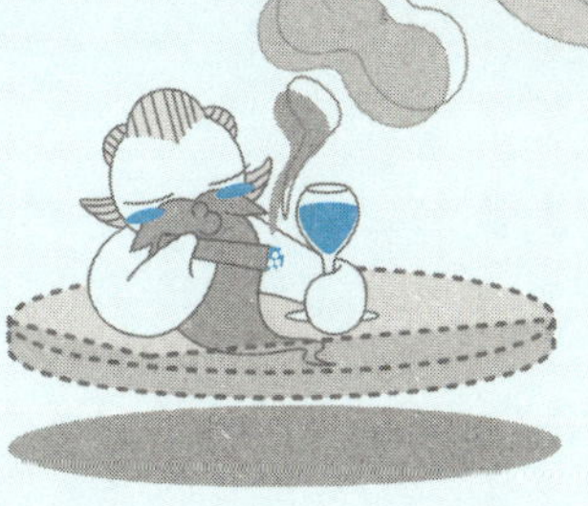

그러자 그와 부인들은 금세 담배 연기에 휩싸였다.

그러자 한 부인이 브람스에게 따졌다.

"여보세요, 선생님, 숙녀들 앞에서 이렇게 담배를 피시면 어떡해요?"

"무슨 말씀을……. 천사들이 있는데 구름이 없어서야 말이 되겠습니까?"

3.

모차르트가 어느 날 음악 애호가의 집을 방문하였다.

그 집의 12살 난 아들은 피아노를 매우 잘 쳤다.

그 소년은 모차르트를 보자 말하였다.

"저는 작곡이 하고 싶습니다. 무엇부터 시작해야 할까요?"

그러나 신동이라는 말을 싫어했던 모차르트는 이를 거절하며 말했다.

"너는 너무 어리다. 난 그 말밖에 말할 수 없다."

그러자 소년은 매우 불만스럽게 말했다.

"하지만 선생님께서는 더 어려서부터 작곡을 하시지 않았습니까?"

"하지만 어떻게 해야 좋을지 누구에게 묻지 않았다. 난 혼자 했어."

4.

독일 함부르크 연주회에서 막스레거는 슈베르트의 현악 5중주곡 〈송어〉를 연주하였다.

다음 날, 다섯 마리의 숭어를 선물로 받았다.

레거는 즉시 감사의 편지를 보냈다.

"부인, 어제의 〈숭어〉 연주가 매우 마음에 들었다는 뜻으로 숭어를 보내 주신 것에 대단히 감사드립니다.

요 다음에는 하이든의 황소 미뉴에트를 연주할 계획입니다. 착오 없으시기 바랍니다. 그럼 안녕히 계십시오."

5.

이탈리아의 〈바이올린의 귀신〉이라는 별명으로 유명한 니콜로 파가니니는 인색하기로 유명했다.

당시 인기 절정에 있던 한 여가수가 그와 결혼하고 싶어 무척 애를 태우고 있었다. 그러자 누군가가 그 이야기를 파가니니에게 귀띔해 주었다. 파가니니는 펄쩍 뛰었다.

"절돼 안돼! 결혼이라니, 공짜로 내 바이올린 연주를 들을려고? 얌체같으니라구."

예술과 외설의 차이

- 보고 나서 눈물이 나면 예술, 군침이 돌면 외설
- 애인과 같이 보면 예술, 친구와 함께 보면 외설
- 보고 마음의 변화가 생기면 예술, 몸의 변화가 생기면 외설
- 처음부터 전체를 다시 보면 예술, 주요 부분만 골라 보면 외설
- 전체 화면이 뿌옇게 처리되면 예술, 부분만 뿌옇게 처리되면 외설
- 비디오를 빌려줘서 돌아오면 예술, 안 돌아오면 외설
- 주말의 명화에 나오면 예술, 다섯 개에 만 원씩이면 외설
- 장면이 생각나면 예술, 제목만 생각나면 외설
- 감동이 상반신으로 오르면 예술, 하반신으로 오르면 외설

Sale의 뜻

판다는 뜻의 Sale.

한글로 읽어 보면,

Sale?

살래?

어린이들의 순수함에 빠져볼까요~

MBC의 〈전파 견문록〉에 나온 아이들의 기상천외한 단어설명들.

이건 작지만 들어 있을 건 다 있어요. - 씨앗

아빠가 출장을 가도 계속 남아 있는 거예요. - 걱정

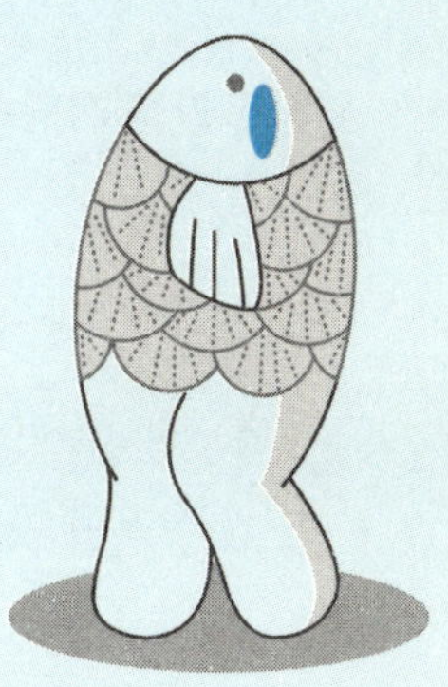

이건 아래랑 위랑 바뀌면 안 돼요. - 인어공주

아빠가 제일 크고 그 다음이 나예요. 엄마가 제일
작아요. - 방귀

여기 있는 글자는 읽기가 힘들어요. - 도장

누가 너무 쉬 마려워서 엘리베이터에 쉬를 하면 사람들이 이걸 해요.
- 반상회

엄마가 하면 동생이 안 보여요. - 어부바

어른들이 어린이가 다 갈 때까지 보고 있어요. - 시골

내 양말에 빵구가 났는데 친구가 자기 집에 가재요. - 콩닥콩닥

이 사람이 가고 나면 막 혼나요. - 손님

이걸 하려면 아는 사람이 있어야 돼요. - 새치기

네모 안에 사람이 있어요. - 신호등

이건 되게 작은데 여기 사는 주인은 되게 커요. - 요술램프

큰 건 엄마가 갖고 작은 건 내가 가져요. - 세뱃돈

아빠가 일어나면 엄마가 책을 봐요. - 노래방

사람들이 그 속에 많이 들어있어요. - 추억

이건 딱 손가락만 해요. - 콧구멍

엄마랑 목욕하면 이걸 꼭 해야 되요. - 만세

이게 있으면 물건을 못 버려요. - 정

우리 엄마가 기분 좋을 때 아빠한테 하는 거예요. 엄마가 무지 화나면
혼자서도 해요. - 팔짱

어른들은 애들이 자꾸 해달라고 하면 머리 아프니까 싫어해요. - 풍선

어린이들은 학교에서 하고 어른들은 놀면서 이걸 해요. - 탬버린

엄마 앞에 오면 엄마가 막 손을 흔들어요. - 회전목마

엄마가 아빠랑 외출할 때 맨날 이걸 해요. - 변신

맨날 좋다고 하고 나쁘다는 사람은 아무도 없어요. - 광고

엄마는 자기 걸 안 쓰고 내 걸 많이 써요. - 이름

차에 친구가 안 타면 안 탔다고 소리치는 거예요. - 우정

내가 주인공이 되면 창피해요. - 낙서

이 사람은 물에 들어갔다 나와도 절대 옷이 안 젖어요. - 산신령

이걸 할 땐 진짜 가까워도 차 타고 가야 돼요. - 출동

1. 좋은 Version

누가 당신에게 말을 걸어옴은...

당신과 친해지고 싶음입니다.

누가 당신을 보고 허둥댄다면...

당신에게 잘 보이고 싶음입니다.

누가 당신을 따갑게 바라봄은...

당신에게 무언가 고백하고 싶음입니다.

누가 당신에게 장난치고 농담함은...

당신을 누군가에게 빼앗기기 싫음입니다.

누가 당신의 뒷모습이 없어질때까지 바라봄은...

당신이 곁에 있어주길 바람입니다.

누가 당신에게 이유없이 "고맙다" 라는 말을 자주한다면...

당신을 사랑함입니다.

누가 당신의 곁을 냉정하게 지나감은..

감정을 주체하지 못함입니다.

누가 당신에게 지난 시간을 들춘다면..

당신을 보내기 위해서 입니다.

누가 당신의 옆모습을 지극히 바라봄은...

사랑하고 싶으나 그럴 수 없는 현실을 원망함입니다.

누가 당신의 이마에 조용히 압맞춤은..

당신을 보내야함을 인정함입니다.

누가 당신을 보고 고개 돌리는 것은..

당신을 잊기 싫으나 잊어야 함을 감추는 것입니다.

누가 당신에게 이런 시를 적어줌은...

당신의 모든 것을 깊이 사랑함입니다.

2. 나쁜 Version

누가 나에게 말을 걸어옴은..

나에게 뭔가 바라는게 있음입니다.

누가 나를 보고 허둥댄다면..

나에게 찔릴만한 짓을 했음입니다.

누가 나를 따갑게 바라봄은..

나의 얼굴에 뭔가 묻었기 때문입니다.

누가 나에게 장난치고 농담함은..

내가 제일 만만해서입니다.

누가 나의 뒷모습이 없어질 때까지 바라봄은...

내가 가는 걸 확인하고 뒷다마를 까려함입니다.

누가 나에게 이유없이 "고맙다"라는 말을 자주한다면..

말로 때우고 끝내려 함입니다.

누가 나의 곁을 냉정하게 지나감은..

나한테 뭔가 불만이 있음입니다.

누가 나에게 지난 시간을 들춘다면..

나의 과거를 알고 희망을 얻으려 함입니다.

누가 나의 옆모습을 지극히 바라봄은..

나올 데 들어가고, 들어갈 데 나왔기 때문입니다.

누가 나의 이마에 조용히 입맞춤은..

나의 이마에 환타라도 한방울 먹어볼까.

누가 나를 보고 고개 돌리는 것은..

차마 눈뜨고 봐줄 수 없기 때문입니다.

누가 나에게 이런 시를 적어줌은..

보고 정신 좀 차리라는 뜻입니다.

폭소클럽 히트상품 개그

과자류

1년에 한번 목욕 가시는 분이 가시기 전에 먹는 과자 - 때빼로!!

신혼 첫날밤 친구들이 들이닥쳐 할 수 없이 내놓는 과자 - 왜와스

나이트에서 못생긴 아저씨가 찝쩍댈 때 먹는 과자 - 나~애이써~

신앙심이 깊은 사람이 기도 드리고 나서 먹는 과자 - 오!예수

고개 숙인 남편을 위해서 마누라가 힘내라고 주는 과자

- 세워깡! 더 강한 걸 원하시면 매우세워깡!!!

음료편

코가 작으시다구요? 먹으면 코가커지는 음료 - 코가 클라!!

피박에 광박 쓰리고에 멍박까지. 판을 엎고 싶을 때 먹는 음료

- 파토레이!!

신용불량자에게 힘내라고 권해주는 음료 - 가프리

과외선생님에게 수고하셨다고 부모님이 주는 음료 - 레쓴비

할아버지 할머니가 좋은 일 있을 때 드시는 음료 - 칠순사이다

약편

술 먹은 다음 날 견디라고 먹는 약 - 견디셔!!

여자친구가 없는 분 이 약만 먹으면 여자들이 - 우루루~~

꽃미남이 되고 싶은 남성 이 약을 드세요 - 원빈디

건망증 심한 분들 물건을 쉽게 찾게 해주는 신발 - 어디둬스!!

손재주 없는 분들 이 신발만 신으면 장인 저리 가랍니다. - 맨드러바!!

북한사람들에게 사랑을 아주 많이 받은 신발 - 리북!!

눈이 나쁘신 분들에게 권하는 신발 - 라식스!!

신으면 느낌이 팍팍 오는 신발 - 필와!!

서민을 울리는 라면, 국회의원들이 주로 드시는 라면 - 양심 쉰라면

아줌마가 미용실 갈 때 먹는 라면. - 막파마!!

다방에 자주 가는 아저씨가 찾는 라면 - 김양라면!!!

대학생들 미팅 가서 맘에 들지 않는 여성분이랑 파트너 됐을 때 시키는 라면 - 너구려!!

국민라면입니다. 특히 영화를 좋아하시는 분들, 이 라면을 특히 더 좋아합니다. - 안성기면!!

어느 대학교수가 강의 도중 갑자기 10만 원짜리 수표를 꺼내들고 물었답니다.

"이거 가질 사람 손들어보세요~"

당연히 모든 사람이 손을 들었지요.

그걸 본 교수는 갑자기 그 수표를 주먹에 꽉 쥐어서 꾸기더니 다시 물었습니다.

"이거 가질 사람 손들어보세요~"

이번에도 모든 사람이 손을 들었습니다.

교수가 그걸 다시 바닥에 내팽겨쳐서 발로 밟고 비벼대니 수표는 꾸겨지고, 신발바닥의 흙이 묻어서 더러워졌습니다.

교수가 또다시 물었습니다.

"이거 가질 사람?"

당연히 손들었겠지요. 학생들은…

그러자 교수가 말했습니다.

"여러분들은 꾸겨지고 더러워진 10만 원짜리 수표일지라도 그 가치는 변하지 않는다는 것을 잘 알고 있는 것 같군요.

'나' 라는 것의 가치도 마찬가지입니다. 꾸겨지고 더러워진 '나' 일지라도 그것의 가치는 전과 다르지 않게 소중한 것입니다.

실패하고, 사회의 바닥으로 내팽겨쳐진다 할지라도 좌절하지 마십시오. 여러분의 가치는 어느 무엇보다 항상 소중한 것이랍니다."

이 세상에 존재하는 모든 사람들이 '나'란 것의 가치를 소중히 해줬으면 좋겠습니다.

소중히 하는 '나' 못지않게 내가 사랑하는 사람들, 내가 좋아하고 또는 싫어하는 사람일지라도 그 가치를 얕보지 않았으면 하는 것이 나의 간절한 바람입니다. 한번 더 강조하거니와 자신의 가치를 소중히 여길 줄 알아야 합니다.

힘내세요! 홧팅~!

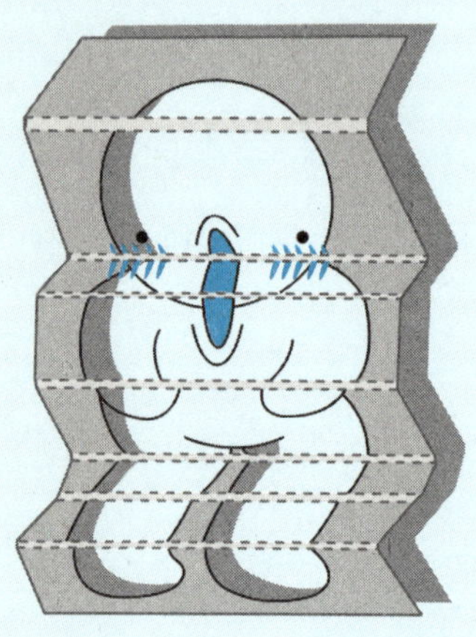

'나'의 가치? 한번 진지하게 생각해 보세요.

대학가 화장실 낙서

1.

지하철 좌석 한 줄의 정원은 몇 명?

평상시엔 7인용이다.

그러나!

아줌마가 먼저 앉을 땐 6명.

아줌마가 나중에 앉을 땐 8명까지 는다.

특수합금으로 제작되어 있나부지?

2.

할머니를 상대로 Neurologic Exam을 하려고

손가락 두 개를 펴고 물었다.

"할머니, 몇 개예요?"

"펑거 두 개"

앗! 할머니가 영어를!

"우와, 할머니 영어 잘하시네요."

"잘하긴 뭘 잘해. 펑거 두 개, 구부링 거 세 개."

3.

신은 죽었다—니체

니체는 죽었다—신

니네 둘다 죽었어—화장실 아줌마

4.

'긴급 속보 !! 이순신 사망!!'

알리지 말라 그렇게 일렀거늘...

5.

존나 빠른 지렁이와 토끼가 경주를 하면 과연 누가 이길까?

답 : 존나 빠른 지렁이. 왜? 존나 빠르니까

지렁이와 토끼가 경주하면

누가 이길까?

답 : 지렁이. 왜? 아까 그 존나

빠른 지렁이니깐

양과 토끼가 경주하면 이번엔 누가 이길까?

답 : 지렁이.

왜? 양의 탈을 쓴 존나 빠른 지렁이니까.

6.

아래 글을 무조건 6글자로 줄이시오.

전두환이 에이즈에 걸렸다. : 잘 됐다, 전두환.

이순자가 에이즈에 걸렸다. : 장하다, 전두환.

노태우가 에이즈에 걸렸다. : 심하다, 전두환.

김영삼이 에이즈에 걸렸다. : 지겹다, 또 너냐.

7.

베스트셀러 순위1위 : 쿠데타 길라잡이 - 두환 저.

2위 : 전두환 무작정 따라하기 - 태우 저.

3위 : 대통령 일주일만 하면 노태우만큼 챙길 수 있다 - 현철 저.

8.

의대생이 알아두어야 할 가장 중요한 사항 두 가지

1. 처방전은 환자가 못 알아보게끔 갈겨 쓴다.

2. 청구서는 누가 봐도 알 수 있게끔 또박또박 쓴다.

9.

어떤 여자가 어느 한적한 도로를 신나게 질주하고 있었어.

차는 뭐 포르쉐라나 뭐라나.

어쨌든지 한창 달리고 있는데 뒤에서 뭐가 쫓아오는 거야.

자세히 보니 이상하게 생긴 새, 닭인거야.

닭이 어떻게?

의아하게 생각한 여자는 질 수 없다는 생각에 시속 120, 140킬로로 막 달렸는데도 결국 그 닭이 포르쉐를 추월하더니, 어떤 농장으로 들어가는 거야.

어처구니 없으면서도 신기하게 생각한 여자가 그 닭을 사기로 맘먹고 그 농장에 들어가 농장 주인에게 말했지.

"내가 돈 50만원 줄 테니 그 닭 팔아요."

근데 주인이 찡그리며 고개를 젓는 거야.

여자는 '100만원!' 그래도 주인은 아까보다 더 인상을 쓰더래.

'200만원!' 그러자 이젠 아예 화난 표정의 주인.

여자가 할 수 없이 '500만원!' 딱 말했는데

주인이 뭐랬는지 알어?

"야 XX년아, 잡히야 팔 거 아이가."

10.

한 대학생이 있었는데…….

머리카락이 없는 것이 그의 가장 큰 고민거리였다.

결국에는 머리카락을 심기로 결심하고

학교 다니면서 열심히 아르바이트해서 돈을 모았다.

드디어 번 돈으로 멋지게 머리를 심고는 고향을 찾아갔다.

자랑스럽게 고향집을 들어서며 어머님을 보는 순간,

어머니 왈,

"영장 나왔다."

- 건국대

11.

잘 알려진 콩클리쉬 모음.

1. How old are you? : 너, 어떻게 그렇게 늙었냐?

2. I see eight : 아이 씨팔!

3. Glad to meet you : 그래, 너 잘 만났다.

4. I'm fine. and you? : 난 파인쥬스, 넌 뭐 할래?

5. How do you do? : 어떻게 니가 그럴 수 있니?

6. See you again : 두고 보자.

7. Yes, I can. : 그래 난 깡통이다. 난 캔으로 줘.

8. I do not see you : 아이 둘 낳시유.

9. Mouse to mouth : 쥐고기 먹니?

10. I am a chinese boy : 그래, 나 철가방이다.

11. Are you cold : 아유 추워.

12. Look at me again—No soup : 한번만 봐줘—국물도 없어.

12.

급하게 똥 싸구 났더니 휴지가 없다. 우짜지?

1. 난 마를 때까지 기다렸다.

2. 그냥 가고 다음 기회에 두 번 닦는다.

3. 변기 뒤뚜껑 열고 그 물로 닦는다.

4. 변기 뒤뚜껑 들고 뒤뚜껑으로 닦는다.

5. 문을 살짝 열고 모서리에 한번 주욱 긁었다.

6. 팬티로 닦고 팬티를 뒤집어 입는다.

7. 부모님 물려주신 손 뒀다 어디 쓸래?

8. 반신반의하라.(반은 신으로 반은 옷으로 닦는다)

13.

서구序句

죽는 날까지 주인의 기대에 한점 부끄럼 없기를
큐대에 이는 바람에도 나는 괴로워했다.
쓰리쿠션을 기대하는 마음으로

모든 히로나는 것들을 사랑해야지
그리고 나에게 주어진 공을 쳐야겠다.
오늘 밤에도 흰공이 흰공을 스치운다.

14.

브레드 피트는 우리말로 빵길이고
맥라이언은 보리사자,
우피골드버그는 소가죽금벌레래. 우끼지?

- 동덕여대

15.

성선설 — 맹자
성악설 — 순자
성노출설 — 벗자
성문란설 — 눕자
성개방설 — 하자
성불구설 — 고자
성억제설 — 참자
성지속설 — 끌자

- 고려대

16.

다음 단어를 영어로 답하시오?

1) 엉덩이는? : hip

2) 입술은? : lip

3) 가슴은? : breast

4) 거기는? : there

- 성균관대

17.

고등학교 생물 시험시간에

이런 시험 문제가 나왔다.

정자가 만들어지는 곳의 명칭을 쓰시오?

정답은 고환이었다.

시험이 끝나고 채점을 하는데

한 아이가 그만 불알이라고 써놨다.

선생님은 왕고민을 하다가

결국엔 오답으로 처리했다.

다음 날, 그 아이가 찾아와 왜 고환은 되고

불알은 안되냐며 따지기 시작했다.

처음에는 완강하던 선생님도

아이가 사전까지 갖고 와서

물러설 기색 없이 따지자

할 수 없이 정답으로 처리해 주었다.

근데 이 일이 소문이 나서 교내에 파다하게 돌았다.

그러자 그 다음 날, 다른 학생이

쑥스러운 표정으로 찾아와서는 하는 말,

"저 선생님,

죄송하지만 붕알은 안 되는감유?"

- 성균관대

18.

우리의 인생이 단 한번으로 끝난다는 것은

얼마나 다행스런 일인가! —랭보

애고! X됐다. —환생한 랭보

- 한림대

19.

$5-3 = 2$

$2+2=4$

오해를 삼가면 서로 이해하게 되고

이해를 두 번하면 서로 사랑한다.

20.

사람들은 말한다.

시간은 모든 걸 '잊게' 해준다고.

그건 어쩌면 모든 걸 '잃게' 해주는 게 아닐까?

21.

모든 일에서 첫 번째는 중요하다.

오늘은 나에게 남겨진 인생 중 첫 번째 날이다.

22.

사랑하는 것이 이렇게 아픈지 몰랐다.

그녀만 생각하면 가슴이 벌렁거리고 소화가 안된다.

덕분에 화장실도 자주 온다. 이유는?

http://www.Trueye.net
http://cyworld.com/psw525

23.

별 수 없다. 열심히 살자.

24.

강아지가 목에 가시 걸려

캑캑거리는 것을 본 적이 있는가?

시방 내가 그렇다.

갑갑한 나를, 나의 현실을 뱉아버리고 싶다.

그러나 그럴수록 오히려 가슴만 막히고

괴로움만 사무친다.

이 모든 쓰레기들을

언제 뱉을 수 있을까?

- 연세대

25.

불행한 마음가짐과 행복한 마음가짐이 있을 뿐

불행과 행복은 따로 있지 않다.

The key is yourself

- 조선대

아버지가 아들과 함께 등산을 하다가
그만 길을 잃게 되었다.
아버지는 지도와 나침반을 꺼내 놓고 코스가 어디서부터
벗어났는지 알아내려고 했다.
그러자 정보통신공학도인 아들이
배낭에서 포켓용 위치 측정 수신기를 꺼내
자그마치 네 개의 인공위성과 연결하고 난 후,
지도 위에 열심히 좌표점을 표시하더니 자랑스럽게 말했다.
"휴, 이제야 우리 위치를 정확히 알아냈어요."
아들은 손가락을 치켜 먼 산을 가리키며 말했다.
"우리는 현재 저 산 위에 있어요."
"……?!?!……"

얘야 손님 받아라

손님을 받는다?

누가 손님을 던지기라도 한단 말인가? 받긴 뭘 받지? 아니면 물인가?

그럼 바가지로? 그도 아니면 황소처럼 머리로 받을까?

음..어떻게 한다는 거지? 헷갈리네.

엄청 애먹었다

어라? 뭘 먹는다구? 애를 먹어?

그렇다면 한국에서는 애를 먹는단 말이야?

아~ 개를 잡아다 먹는다는 얘기는 들어봤지만 설마 애까지 잡아먹을

줄이야...

정말 엽기적인 민족이네.

뜨거운 게 시원한 거다

한국인은 참으로 말을 이상하게 해댄다.

나는 근처에도 못가는 엽기적이고도 살벌하게 뜨거운, 그리고 매운

그 찌개를 떠 먹으면서도 연실 '어~ 시원하다!' 를 연발한다. 도대체

가 알 수가 없다.

언제 뜨겁고 언제 시원하다고 해야 하는 건지 나는 아직도 모른다.

외국인이 들으면 엽기적인 한국말...

"야~ 오늘은 니가 쏴라!"

뭔소리?

한국인들은 뭘 먹기 전엔 일발장진부터 하나부다.

그러고는 누가 방아쇠를 당길지 대충 실랑이를 펼친 후 이윽고 총질

(?)을 하러 간다.

조심해야겠다. 언제 누가 어느 쪽에서 나를 쏠지 모른다.

한국인들도 언제부턴가 총기 소지가 자유로워졌나부다.

와 이리 애를 태우노?

애를 태우다니……?

아~ 이젠 애를 먹어도 그냥 먹지 않고 아예 애를 태우고, 그슬려서

먹는다? -_-;

한국인들은 도대체 어떻게 다른 나라와 번듯하게 어우러지면서 잘들

살아왔는지 미스테리가 아닐 수 없다.

아직 애를 태우는 장면을 목격하진 않았지만 아마도 그걸 보게 되면

나는 까무러칠 것이다.

제발 내 앞에서 애를 태우는 한국인이 나타나지 않았으면 좋겠다.

나를 제발 죽여주세요.

미장원이란 델 갔다.

잘못 들어왔다. -_-; 전부 정신병과 관련된 사람들만 있는 듯 하다.

하나같이 죽여달라 살려달라 애원이다.

"내 뒷머리좀 제발 죽여주세요. 부탁이예요."

"내 앞머리는 그냥 제발 제발 살려주세요~~"

애원하는 그녀들의 표정은 의외로 행복해 보이기까지 하다.

헤어드레서가 가위를 들고 그녀를 죽이기 전에 나는 도망쳐나왔다.

문 앞의 까만 봉투에 머리카락이 삐죽 나와 있는 것을 보았다.

아마도 그 안에는 수많은 사람들의 모가지가 들어 있었을 것이다.

오늘 또 하나 배웠다.

한국에는 공공연하게 청부살인을 하는 장소가 있었던 것이다.

때려, 때리자구!

길거리에서 지나가는 사람들이 이렇게 말했다.

"야..밥 때릴래?"

"잠깐만 전화 먼저 때리고..."

아흐~~ 이거 또 뭐란 말인가?

정말로 내가 미치겠다. 밥을 때리는 건 뭐고 전화기를 때리는 건 또 뭐란 말인가? 어떻게 때리는지 구경하고 싶었다.

전화기의 보턴을 누르는 것 말고는 아직까지 때리는 장면을 본 적이 한번도 없다.

진짜 밥을 때리는 장면을 보고 싶다. 뭘로 때릴까? 그냥 손으로 때릴까? 아니면 야구방망이로?

그리고 왜 때릴까? 꼭 구경하는 기회가 왔으면 좋겠다.

도둑이 칭찬받는 한국

식당엘 갔다. 밥을 때리는 사람을 구경하기 위해서.

식사를 다 마칠 때가 되어도 밥을 때리기 위해 나타나는 사람은 없었다.

아~ 얼마 전의 그 사람들은 안 나타나는 것일까?

밥 때리다가 혹시 폭력범으로 잡혀들어간 것일까?

암튼 잊기로 했다. 이 때 저쪽편에서 종업원으로 보이는 사람과 주인으로 보이는 사람간의 대화가 들렸다.

난 또 그들의 대화 때문에 가뜩이나 혼란스러워지는 한국말에 돌아버릴 것 같았다.

"야! 식탁 다 훔쳤냐?"

"네! 완전히 흔적없이 다 훔쳤습니다."

"그래 잘했다. 쉬어라."

훔치고 칭찬받는다?

그 종업원 녀석은 입이 헤 벌어진다.

주인도 흡족해한다. 등까지 두드려준다. 정말 엽기적인 한국인이다.

문제집

필요한 건 문제집이 아니야..

본 편은 홍승표 씨의 만화를 바탕으로 완성된 것입니다.
www.Trueye.net

뻔한 거짓말

▷16위 사채업자 : 무이자 무담보로 빌려줍니다.

▷15위 노처녀 : 독신으로 살겠다.

▷14위 학생 : 나 공부 하나도 안 했다.

▷13위 간호사 : 이 주사 하나도 안 아파요.

▷12위 여자들 : 어머! 너 어떻게 그렇게 이뻐졌니?

▷11위 학원 광고 : 전원 취업보장. 전국 최고의 합격률!

▷10위 비행기 조종사 : 승객 여러분! 아주 사소한 문제가 발생했습니다.

▷9위 연예인 : 그냥 친구 이상으로 생각해본 적 없어요.

▷8위 교장 : (조회 때)마지막으로 한 마디만 간단히…

▷7위 친구 : 이건 너 한테만 말하는 건데…

▷6위 장사꾼 : 이거 밑지고 파는 거예요.

▷5위 아파트 신규 분양 : 지하철 역에서 5분 거리…

▷4위 수석 합격자 : 그저 학교수업에 충실했을 뿐이예요.

▷3위 국회의원 : 당선되면 열심히 일하겠습니다.

▷공동2위 정치인 : 단 한푼도 받지않았어요.

▷공동2위 자리 양보 받은 할머니 : 에구… 괜찮은데…

▷대망의 1위 고이즈미 : 독도는 우리 땅이다!

신입사원 면접시험

일류대학을 나온 영호가 취직을 하기 위해 면접을 봤다.

면접관이 물었다

"어떤 대우를 원합니까?"

영호가 대답했다.

"연봉은 1억원 이상. 물론 스톡옵션도 있겠죠?"

그 말을 들은 면접관이 말을 이었다.

"의료보험료 전액 회사 대납, 여름과 겨울, 각각 5주 휴가. 퇴직 후 50% 급여지급. 사원용 스포츠카 정도면 되나요?"

깜짝 놀란 영호가 벌떡 일어서며 말했다.

"와! 그게 정말이에요?"

면접관이 대답했다.

"당연히 농담이지. 자네가 먼저 시작하지 않았나?"

짧은 유머

1) 귀차니즘의 3대 원칙

1.

2.

3.

.

.

.

쓰기 귀찮다.

2) 비 올 때 하는 욕

BYC

3) 깨와 우동이 불법도박을 했습니다

우동은 경찰서로 끌려갔습니다.

왜? 깨가 고소해서.

다음날 깨도 경찰서로 끌려갔습니다.

왜? 우동이 불어서.

여자가 남자를 차는 10 가지 이유

1. 당신은 오빠 같아서요.

   고지식한 사고는 정말 싫어.

2. 우린 나이 차가 너무 커요.

   아빠랑 사귀고 싶진 않아.

3. 제가 그런 방면으론 매력이 없나봐요.

   어쩜 저렇게 못생겼을까?

4. 지금 제 처지가 너무 복잡해요.

   나랑 있으면 다른 남자들의 전화 때문에 열 받아 죽을걸.

5. 남자친구가 있어요.

   널 상대하느니 혼자가 낫겠다.

6. 한 사무실에서 일하는 남자는 곤란해요.

   같은 태양계에 존재한다는 사실조차도 짜증난다.

7. 당신이 아니라 저 때문이에요.

   너 때문이야, 임마!

8. 전 지금 일 때문에 정신이 없어요.

   일이 아무리 지겨워도 너랑 데이트하는 것보단 낫다.

9. 전 요즘 남자 사귀는 거 자제하기로 했어요.

   너무 많아서 관리가 안돼.

10. 우리 친구로 지내기로 해요.

애인으론 뭔가 부족해.

남자가 여자를 차는 10 가지 이유

1. 너는 내 여동생 같아.

   넌 너무 못생겼어.

2. 우린 나이 차이가 너무 나.

   넌 너무 못생겼어.

3. 제가 그런 방면으론 매력이 없어요.

   넌 너무 못생겼어.

4. 지금 내 처지가 너무 복잡해.

   넌 너무 못생겼어.

5. 여자친구 있어.

   넌 너무 못생겼어.

6. 한 사무실에서 일하는 여자는 곤란해.

   넌 너무 못생겼어.

7. 너 때문이 아니라 나 때문이야.

   넌 너무 못생겼어.

8. 나 지금 일 때문에 정신이 없어.

   넌 너무 못생겼어.

9. 나 요즘 여자사귀는 거 자제하기로 했어.

   넌 너무 못생겼어.

10. 우리 친구로 지내자.

    넌 너무 못생겼어.

Happy talk
〈뽑기〉
훈즈클럽

뚝

벌칙으로 코털뽑기는.. 이젠...
그만하자~

앗~..뭐라고 써있네!

또 뽑기

전제조건

따사로운 햇빛이 쏟아지는 봄, 토요일 오후 1시. 상공에 지름 100mX100m 초대형 UFO가 출현했다. 각국의 반응을 살펴보자.

대한민국

국민 : UFO가 출현했다는 소식이 활발한 네티즌들의 실시간 게시판 댓글(레스)을 통해 일파만파 퍼져나가 두 시간이 채 못 되어서 대한민국 전 국민의 90% 이상이 '문어文魚머리의 외계 괴수가 현재 63빌딩 속에 알을 낳은 후 청와대 지붕 위에서 쏘아올린, 고故 박정희 대통령의 유물 무궁화 2호기와 대치하고 있다.' 는 터무니 없는 루머를 진짜라고 믿어버린다. 이후 돈 좀 많이 가지고 있는 높으신 분들의 노블리스 오블리주 사상에 힘입어 대한항공과 아시아나 항공의 출국기 좌석이 전부 매진된다.

정부 : 여당은 UFO 특별대처법을 만들어 한 시간만에 발표하고, 야당은 5분만에 여당의 특별대처법이 지극히 비생산적임을 따지고 든다. 다시 10분 후, 모든 국회의원은 앞서 설명한 돈 좀 많이 가지고 있는 높으신 분들 옆 좌석에 앉아 있다.

일본

국민 : 혼란에 빠진 일본 곳곳에 조이스틱만 주면 UFO를 1시간 안에 궤멸시켜버릴 수 있다고 주장하는 비디오 게임 마니아들이 나타나 그 일대를 장악하고 있던 야쿠자들과 세력다툼을 벌이기 시작한다. 과학자들은 마징가Z를 복원하려 하지만 주변국들의 비협조로 결국 'UFO에 공격당하는 것이 더 친절한 죽음인가, 아니면 조금 더 빨리 침몰당하는 것이 더 친절한 죽음인가?' 갈등한다. 에반게리온이 실제로 없다는 걸 깨달은 다수의 국민들은 자살을 한다.

정부 : 모든 역사 교과서의 마지막 페이지에 다음과 같이 쓴다.
'천황의 비호 아래 고도로 성장해온 대일본 제국은 자국의 성장력을 크게 두려워한 미국과 유럽 연합(EU), 러시아와 한국, 중국이 비밀리에 함께 만들어 보낸 비밀병기에 결국 무릎을 꿇고 만다. 천황폐하 만세.' ××××총리는 그래도 신사참배는 그만둘 수 없다고 주장한다.

중국

국민 : 갑자기 나타난 이 작은 비행물체에 대해서는 별 관심이 없다. UFO가 공격을 해서 한 10만 명 정도는 죽어야만 다음 날 조간신문 3면에 기사로 실린다. 간혹, 장풍을 쏴서 UFO를 떨어뜨리자고 주장하는 기인들의 행적이 TV 다큐멘터리로 방송된다.

정부 : UFO가 다른 여느 나라도 아닌 자국의 상공 위에 떠 있음을 강력히 주장하며 UFO의 비호를 받는 명실상부한 세계의 중심 국가라고 자랑하고 다닌다.

미국

국민 : 떠 있는 UFO 밑으로 수십 만의 군중이 모이기 시작한다. 그들 중 대부분은 할리 데이비슨을 타고 다니는 검정 가죽 재킷의 마약중독자로 입에는 맥도날드 햄버거를 물고 있으며, 한 손에는 총을 들고 있다. 그들은 자기 무기의 성능을 시험하기 위해 일제히 UFO를 향해 사격하기 시작하고, 미국 내 모든 매스컴은 이를 생중계한다. 꼬마 아이들은 슈퍼맨, 배트맨, 스파이더맨이 그려진 의상을 입고 신나서 돌아다니며, 지구 종말론 신봉자들로 미국 전역이 혼란에 휩싸인다. 프로그래머들은 UFO로 부터 흘러나오는 단자기파를 해독하려고 애쓰지만 윈도우즈 에러 메시지 때문에 아무것도 하지 못한다.

정부 : 군 병력을 투입해 보지만 아무 소용도 없다는 걸 깨닫고는, '외계와의 전쟁'을 선포한 뒤 주변 국가들에게 도움을 요청한다. 그렇지만 도와주겠다고 하는 우방국은 없다. 대통령은 전 세계를 타겟으로 핵무기를 날린다는 원대한 계획을 꿈꾸지만 실천도 하기 전에 아랍 국가들이 자행하는 테러에 의해 백악관이 폭파된다.

국민 : UFO보다 더 성능이 뛰어난 비행물체를 만들어 그 위에 띄워 놓는다. UFO의 기계적 결함을 안주거리 삼아 모든 국민은 맥주를 마시기 시작한다.

정부 : UFO 도면을 이웃 나라에 판다.

프랑스

국민 : UFO보다 더 아름다운 비행물체를 만들어 그 아래 전시한다. UFO의 미적 부족함을 헐뜯으며 모든 국민은 와인을 마시기 시작한다.

정부 : 전시한 비행물체를 관광 예술상품으로 홍보한다.

북한

국민 : UFO가 무엇인지 모른다.

정부 : 국민이 UFO를 모른다는 사실에 무한히 기뻐한다.

아루마루 모놀로그
- 독도

글/한메산
그림/고훈

직업별 프로포즈 문구

백수(완전 폐인)

날 잡자.

홈쇼핑 호스트

자, 시간 얼마 남지 않았거든요? 여기저기서 계속 연락 오고 있어요.
나랑 결혼하려거든 지금 당장 말해주세요.

대한항공 보잉 여객기 기장

(3만피트 상공에서) 결혼하겠다고 말해. 안 그러면 확! 떨어져 버릴꺼야.

KTX차장

(서울 - 부산 간 300Km/h로 운행 중) 빨리 결혼하겠다고 말해! 안 그러면 확!
멈춰버릴꺼야.

온라인 게임 운영자

청혼이 2년 늦어진 것에 대해 사과의 말씀을 드립니다.

초등학생

울이ㄱㅓ론하ㅏ자!넉ㅇㅏ 10000희I 2뽀ㅎㅐ주ㄲㅔ~

“여보, 이제 됐겠지?”

“방금 넣었는데 무슨 소리예요?”

“그쯤하면 됐지 뭐……”

“조금만 더 참으세요. 넣었다가 금새 꺼내면 어떡해요?”

“이제 그만! 난 참을 수 없단말야.”

“무슨 남자가 그렇게 참을성이 없어요.”

견디다 못한 아내가 투덜대며 부엌에 대고 소리쳤다.

“에미야! 솥 속에 덥히는 정종 주전자 그만 가져와라. 니 아버지가 더 이상 못 참으시겠단다.”

정치인과 거지

1. 주거지가 일정치 않다.

2. 출·퇴근시간이 없다.

3. 사람 많은 곳에 잘 나타난다.

4. 정년이 없다.

5. 자기 구역관리를 철저히 한다.

6. 거짓말을 밥먹듯이 한다.

7. 자기가 한 말에 책임을 지지 않는다.

도서관과 화장실

1. 학문(항문)을 넓힌다.

2. 학문(항문)에 힘쓴다.

3. 학문(항문)을 닦는다.

정치 18단

부마항쟁 기념식장에 DJ와 YS가 나란히 앉았다.

YS : 와이(Y)라 카노! 웃째 이런 일이!

　　대중이 그 사람 정신나간 사람이여 -_-

　　내가 잘해논 한일햅쟁(협정)도 지-가-다- 망채(망쳐)놓고 -_-

　　지-(DJ) 잘낫타-코…… 환장했쩨이!!

　　나라 갱재(경제) 망카트린 삼성차 법정관리한타코 푸-산(부산) 사

　　람 몬 살게 해놓고 멋씨라카나- 경재를 살렸타코? 우키지 마라

　　캐라- 여-억사가 하-악-실이 심판할끼다마-

DJ : 와-이(Y)랬싼다냐?

　　말하자면 김영샘이는 훌륭한 대통령이 엇땅께!

　　증말로 민주주의 투사여!

　　나랑 민주화투쟁 같이 한 동지당게로 그랬쌌는당가?

　　박정희보돔사(보다) 솔찬히(훨씬) 애국자당께- 전두환이도 동서화

　　합헐 것이고, 현철이도 푸러 줬응께롱 잔말 말어 불드라고……

　　우리가 남이가? 노태우도 믿어 주드라고

　　우리 두리 다 정치 9단이잔여

　　둘이 합치면 18단인디 이랫싸면 안된당께.

노인들이 나이아가라 폭포를 구경하고 나서 외친 소리. - 나이야 가라!

서울시민이 함께 떠드는 소리. - 천만의 말씀

별 중에 가장 슬픈 별 - 이별

진짜 새 - 참새

한국산 암소와 호주 산 젖소가 싸우면 어느 소가 질까? - 호주 젖소

세계에서 가장 추운 바다. - 썰렁해海

씨름 선수 전용차 - 으랏차차

소가 우는 소리 - 우牛하하

개한테 배우는 과외공부? - 개(犬)인지도

사람 셋만 탈 수 있는 차? - 인人삼차

세상에서 가장 빠른 닭은? - 후다닭

일본에서 고기를 제일 잘 기르는 사람은? - 미끼 전 일본 수상

눈(眼)에 눈(雪)이 들어가 눈물이 나는데 무슨 눈물인가요? - 눈물

창槍으로 창窓구멍을 뚫었는데 무슨 구멍인가요? - 문구멍

프로그래머 주기도문

하드디스크에 계신 우리 프로그램이시여.
패스워드를 거룩하게 하옵시고, 운영체제에 임하옵시며, 명령이 키보드에서 이루어진 것과 같이 모니터에서도 이루어지이다.
일용할 데이터를 주시옵고, 우리가 우리에게 프로그램의 오류를 용서한 것과 같이 우리의 오타를 사하여 주옵시고, 우리를 바이러스에 들게 하지 마옵시고, 다만 불시의 정전에서 구하옵소서!
대개 나라와 권세와 영광이 프로그램게 영원히 있사옵니다. 엔터.

러플 안 다는 사람들을 위한 기도문

아침마다 출근길에 똥 밟게 하시옵고, 아이라인 그리다 눈 찌르게 하소서. 그리고 사는 복권마다 꽝되게 하시옵고, 차 타고 갈 때 3분 간격으로 소변 마렵게 하소서.
설거지 할 때마다 접시 깨게 하시옵고, 만나는 신호마다 빨간 불 켜지게 하소서.
오늘 하루 설사병으로 화장실 20번 가게 하시옵고, 담배 필 때 거꾸로 물어 입술 데게 하소서.

마우스는 입

매일 밤늦게 자기 방에서 컴퓨터만 들여다보는 남편에게 불만이 많던 컴맹 아내가 몰래 남편의 뒤에서 지켜보았다. 그런데 남편이 야시시한 여자누드 사진을 들여다 보고 있는게 아닌가.

발끈해진 아내는 죽일 듯이 달려들며 외쳤다.

"아니 매일 밤 뭐하나 했더니 이 여자랑 매일 밤마다 요새 매스컴에서 떠들어대는 채팅이라는 거, 그거 하는 거지?"

"아니여, 그냥 사진만 보고 있는 거여."

"뭐가 보기만 한다는 거여? 지금 손에 쥐고 조물딱거리는 건 또 뭐여? 그게 지금 저 여자를 주물럭거리는 거지?"

"아이고~ 이 여자야. 이건 마우스라는 거여. 이 무식한 마누라쟁이야."

"그래, 내가 아무리 무식해도 마우스는 안다. 그러니까 마우스는 입이라는 뜻이니까, 니가 지금 저 여자를 물고 빤다는 것 아녀? 이 바람둥이 놈아~"

탐색기

빌 게이츠는 학창시절에 공부를 엄청 못했다. 그러나 같은 반의 탐이
라는 친구는 엄청 잘했다.

세월이 흘렀다.

빌게이츠는 마이크로 소프트 사를 설립하고 엄청 떼돈을 벌었다.

하지만 학창시절에 공부를 무지하게 잘했던 탐은 그냥 평범한 회사원
으로 남았다.

그러자 질투심에 휩싸인 탐은 게이츠가 예전에는 진짜 공부도 못한
멍청이였다고 소문을 냈다.

게이츠는 화가 나서 그를 욕하는 프로그램 하나를 만들었다.

그 프로그램의 이름은?

"탐색기"

어떤 이메일

강원도에 사는 사업가 김 씨가 부산으로 출장을 갔다.

도착한 즉시 그는 아내에게 이메일을 보냈다. 그런데 그만 실수로 이메일 주소를 잘못 쳐서 엉뚱하게도 그 메일이 얼마 전 세상을 떠난 어떤 목사님의 사모님에게 발송되고 말았다.

이메일을 받아 읽어본 목사의 사모님은 그만 기절하고 말았다.

메일에는 다음과 같은 메시지가 올라와 있었다.

"여보, 무사히 도착했소. 그런데 이 곳은 정말이지 너무 뜨겁구려."

미남과 추남의 비교

1. 미남이 여자에게 윙크하면 유혹, 추남이 여자에게 윙크하면 희롱.

2. 미남이 침 뱉으면 박력, 추남이 뱉으면 더티.

3. 미남이 오토바이 타면 터프, 추남이 타면 타락.

4. 미남이 꽃 선물하면 황홀, 추남이 선물하면 젠장.

5. 미남이 말 타면 왕자, 추남이 타면 방자.

6. 미남이 욕하면 박력, 추남이 욕하면 죽일 놈.

7. 미남이 애기하면 웃겨, 추남이 애기하면 졸려.

8. 미남이 인터넷하면 자료검색, 추남이 인터넷하면 변태.

9. 미남이 공부하면 유식, 추남이 공부하면 별꼴.

10. 미남이 애교떨면 귀염, 추남이 애교떨면 육갑.

11. 미남이 노래하면 우와!, 추남이 노래하면 시꺼!

12. 미남이 넘어지면 이걸 어째!, 추남이 넘어지면 우하하하!

인터넷 제비족 대처법

1. 사업가라고 소개하면 일단 의심 1호.

   꺼진 불도 다시 보고 돌다리도 두드려 보고 건너자.

2. 채팅 중에 자신을 드러내지 말자.

   사이버 공간이라고 안심은 금물!

3. 이야기 중에 되도록 자신에 대한 글은 삼가하자.

4. 이야기의 앞뒤가 안 맞는 경우가 있는데 이것은 제비가 너무 많은

   여성들에게 작업을 한 탓으로 헷갈리기 때문이다.

5. 여성들은 감정구조가 복잡하지만 의외로 호기심이 많은 단점을 가

   지고 있다. 전략적인 인터넷 제비족의 유혹과 꼬임에 현혹되면 사

   이버 공간이 아닌 현실적 시뮬레이션 빌미를 제공하게 된다. 따라

   서 얼굴을 대하는 일은 절대 피하자.

만일 이중에 어느 하나라도 방심할 시 제비족에게는 식탁 위에 차

려진 맛난 생크림 케이크처럼 당신을 먹어 치울 것이다. 후회할 땐

이미 엎어진 물이다.

제4부

HUMOURGUERILLAHUMOURGU

떱기한자

너무 많이 웃는 자는 바보고,
도무지 웃지 않는 자는 늙은 고양이다.

― T. 폴러

엽기한자獵奇漢字란?

엽기한자는 획이나 부수가 코믹하게 변형돼 새로운 의미를 지니는 신종한자어로, 인터넷에 소개된 후 네티즌들로부터 큰 사랑과 인기를 얻었습니다.

1. 고층빌딩 고

우와, 높네요. 창문도 많고… 층이 여럿이네요. 그래서 '고층빌딩 고' 이지요 ^^

2. 독도 도

홀로 외로이 있는 섬, 독도. 그래서 남들이 빼앗으려 넘보기까지 하고 있습니다. 여러분이 독도와 친구가 되어주세요. 우리가 더욱더 관심과 사랑을 갖고 아껴주고 챙겨주면 독도는 더 이상 외톨이가 아닙니다.

3. 충치 충

‘이 치齒’와 ‘벌레 충蟲’ 두 자가 합쳐져서 생겨난
글자... 이에 충치가... 그래서 ‘충치 충’... 여러분,
너무 단 것 좋아하면 충치 생겨요. 그리고 밖에 나
갔다 오면 항상 양치질을 먼저 하세요~ 그래야 이가 건강하답니다.

4. 발바닥 장

‘손바닥 장掌’에 있는 ‘손 수手’가 빠지고 ‘발 족足’이
쏘~옥 들어갔네요. 그래서 발바닥이 되었죠 ^^

5. 비구니 승

스님을 뜻하는 ‘중 승僧’에서 여자를 뜻하는 女가
들어가 여자스님을 뜻하는 ‘비구니 승’이 되었네
요~

6. 보아뱀 보

프랑스 소설가 생떽쥐베리를 아시죠? 《어린왕자》는
다들 들어서 알고 있을 텐데. 그 첫 페이지에 코끼리를
한 입에 삼킨 보아뱀 얘기가 나오지요. 그 무시한 보아
뱀을 뜻하는 글자랍니다.

7. 견인할 견

사고가 난 차를 견인차가 와서 끌고
가는 것 봤죠? 그 상황을 나타낸 글자
예요.

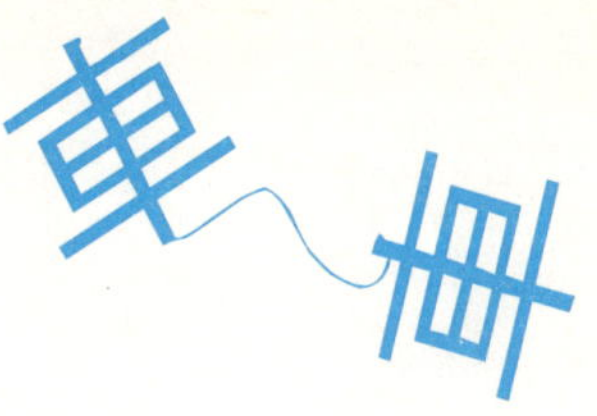

8. 양심에 털 날 심

사람에겐 누구나 착한 마음(心)이 있어요. 그런데
간혹 양심에 못되고 지저분한 털이 난 사람들이 있
죠. 그런 사람들을 비꼬는 글자예요. 여러분은 절
대 양심에 털이 나서는 안 돼요~

9. 왕따 따

이 글자는 여러 명이 한 친구를 따돌리는 모습
을 나타낸 '왕따 따' 입니다. 왕따라는 것은 정
말 안 좋은 거예요. 함께 친하게 지내
야 합니다.

10. 모녀 녀

여자가 둘인데 한 쪽은 크고 다른 쪽은 작네요.
엄마와 딸… 그래서 생겨 난 '모녀 녀'

11. 마부 마

사람이 말을 끌고 가고 있죠? 너무 쉬운가
요? '마부 마' 자예요.

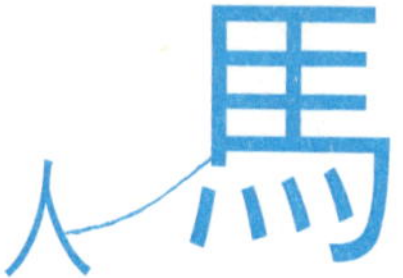

12. 뺑소니 뺑

차가 사람을 다치게 하고 그냥 줄행랑을 놓고 도
망가고 있어요. 그걸 뺑소니라고 하는데 법으로
처벌을 받는 큰 죄입니다.

13. 동거할 거

곧 결혼할 어른들이 같이 사는 것을 동거라고 하는데
그걸 나타낸 글자네요. '거할 거居' 자를 생각해보면
이해가 가나요?

14. 돌머리 두

'머리 두頭' 자인지 가만 보니 돌 석石이 들어 있네
요. 그래서 '돌머리 두' 이지요. 공부 너무 안 하면
돌머리가 돼요. 조심… 책을 열심히 읽는 것이 머
리 좋아지는 최고의 방법이죠 ㅎㅎ.

15. 치우칠 중

사람은 분명 자기 중심이 있어야 합니다. 그런데 중
심을 잃고 한쪽에 너무 치우치면 안 되겠죠?

16. 누드 누

인간은 신의 창조물 중 가장 아름다운 존재입니다.
특히 여성은 더욱더. 그래서 아름다운 몸을 뽐내기
위해 사진 촬영을 하는 경우가 있는데 그런 상황을
나타내는 글자죠.

17. 탈옥할 탈

'가둘 수囚' 자에서는 사람이 갇혀 있었는데 그만
방심한 틈을 타 탈옥하고 있네요… 너무 걱정 마세
요. 곧 잡힐 거예요 ㅎㅎ.

18. 손녀 손

'손자 손孫'은 있지만, 아직 '손녀 손' 자는 없네요.
그래서 새로 생겨난 글자. 子 대신 女 자가 붙어 손
녀가 되었네요~

19. 여자운전수 차

전에는 여자운전수가 많지 않았지만 요즘은 흔하
죠. 그래서 새로 생긴 '여자운전수 차' 자네요.

20. 임신부 녀

女가 배가 많이 불렀네요. 소중한 아기를 잉태하고
있죠. 그래서 '임신부 녀' 자가 되었네요.

21. 골절상 골

큰 사고가 나서 뼈가 많이 다쳤군요. 전치 10주 '골
절상 골' 로 알려져 있는 글자네요.

22. 장마 장

비(雨)가 너무 많이 내리고 있어요. 빗방울이 굵죠?
바로 '장마 장' 자네요.

23. 목젖 젖

입(口)을 크게 벌리면 보이는 예쁜 목젖. 그 목젖을 나
타내는 글자예요.

24. 코끼리 코 상

코끼리 코가 무척 기네요. 코끼리 모양을 본 딴
'코끼리 코 상' 입니다.

25. IMF 나라 뒤집힐 국

몇 년 전에 우리나라가 경제적으로 어려움을 겪은 적
이 있어요. 그때 우리 아버지와 어머니들이 힘 모아
이겨내지 않았으면 지금의 우리는… 생각하기에도
끔찍하네요. 여러분 돈 아껴서 쓰세요. 안 그러면 또 언제 어려운 일들
이 생길지 몰라요.

26. 돌 맞는 정당 당

나라를 위해 열심히 일해야 하는 국회의원들이 자기
할 도리를 다 못할 때 국민들로부터 많이 야단맞게
됩니다. 그런 의미를 담고 있는 글자예요.

27. 트림할 트

'먹을 식食' 자는 알고 있나요? 그런데 너무 많이 먹
으면 트림이 나오기도 하고… ㅎㅎ. 보기에 썩 좋지
는 않네요. 소식하는 것이 건강에도 좋대요.

28. 귀신 통곡할 곡

귀신이 곡할 정도의 신기한 일이나 신비로운 재주를 나타낼 때 쓰는 글자네요.

29. 축구 축

축구 공을 열심히 드리블하고 있네요. 2002년 월드컵의 감동, 아직 생생하죠? 2006 독일 월드컵에서도 재현되길^^ 정말 대한민국은 대단한 나라입니다. 세계에서 가장 멋진 민족이예요.

30. 불효 불

여러분은 엄마, 아빠 말씀 잘 들죠? '효도 효孝'는 자식(子)이 부모를 업고 있는데, 이 글자는 반대네요. 그래서 '불효 불' 자가 되었군요. 못된~

31. 머리 빌 꼴통 골

머리가 시원하게 비어 있네요. 공부 안 하고, 책 안 읽으면 머리가 이렇게 돼요. 여러분, 힘들겠지만 열심히 공부해 둡시다.

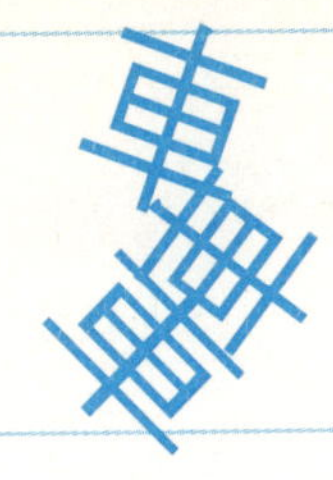

32. 삼중추돌 추

차가 3대나 부딪쳤군요. 휴~ 그래서 '삼중추돌 추' 가 되었네요... 여러분, 우리 모두 차 조심.

33. 엘리베이터 문

문이 위아래로 움직이네요. 아, 편하죠? '엘리베이터 문' 자예요.

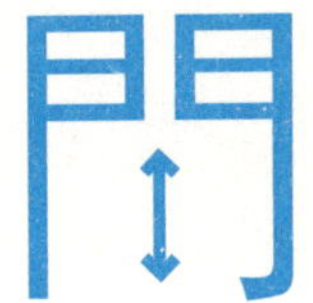

34. 어미 마음 모

여러분은 엄마를 얼마나 사랑하세요. 엄마 마음에는 오직 여러분밖에는 없어요. 자식(子, 女)만을 생각하는 엄마 마음을 나타낸 글자예요. 정말 엄마 말씀 잘 듣고 효도해야 됩니다.

35. 그릇깨질 기

그릇을 잘 다루어야죠... 조심성이 없으면 실수가 많고 어른들한테 야단도 맞게 되죠. 물건을 다룰 때는 조심조심. 이 글자는 그릇(器)이 깨진 모양을 나타낸 글자예요.

36. 얼굴 두꺼울 면

얼굴(面)은 얼굴인데 너무 두껍죠. 뻔뻔하고 염치없는 사람을 두고 얼굴 두껍다고 하는데 그런 사람을 뜻하는 글자예요.

37. 조폭마누라 조

얼마전 히트했던 영화 조폭마누라. 많이들 알죠? 남자를 발길질 한번으로 날려버리는 무서운 조폭마누라를 나타낸 글자예요.

38. 지난해 해

어제를 뜻하는 昨에서 날 일日대신 달月, 해(年)를 뜻하는 글자를 넣어서 만든 글자네요. 하루하루가 참 소중한 날들이죠 ^^

39. 침 흘릴 질

맛있는 것 먹을 때 침 흘리기도 하는데 남들이 보면 좀 그렇겠죠? 이 글자는 침 흘리는 모습을 나타내고 있습니다.

40. 물구나무 설 립

물구나무 서 봤죠? '설 립立' 자가 물구나무 선 모
습이네요. ㅋㅋ

41. 피어싱 싱

아플텐데… 요즘은 우리나라에서도 피어싱한 사람
들을 자주 보게 되네요. '혀 설舌' 자를 이용해 피어
싱을 나타낸 글자예요. 부작용도 있다 하니 함부로
해서는 안되겠죠?

42. 똥배 녀

임신하지 않았는데도 배만 나온 경우도 있죠. 비만
이예요~ 휴. 여러분은 운동도 열심히 해서 절대 똥
배가 나오면 안 돼요 ^^

43. 눈곱 곱

청결한 사람이 얼굴 예쁜 사람보다 더 멋있어요.
지저분한 사람 보면 왠지… 그런데 눈곱도 안 떼고 친구
만나러 가면 안 되겠죠. 눈에 이물질이 낀 모습을 나타
낸 '눈곱 꼽' 자예요.

44. 뱀술 주

뱀(巳)으로 만든 술(酒)이 있어요. 징그럽기도 한데... 아무튼 뱀으로 만든 뱀술을 나타낸 글자예요.

45. 애꾸눈 애

한 쪽 눈이 다쳐서 애꾸눈이 되었네요. 안타까운 글자죠. 여러분 주변에 장애인 친구나 이웃이 있으면 친절하게 대해 주세요. 그분들 중엔 힘든 몸으로 세상에 맞서 싸워 나가는 멋진 분들이 참 많답니다.

46. 대머리 대

'머리털 발髮' 자라고 있지요. 그런데 어른들 중엔 머리털이 없는 분들이 많죠? 이런 분들 놀리면 안 돼요. 열심히 머리 쓰다 보면 머리털이 빠지기도 한답니다. 그렇다고 너무 걱정은 말아요. 치료하는 약도 있고 방법도 있으니까요.

47. 시아버지 고

'시어머니 고姑' 라고 있어요. 그래서 그에 상대해 생겨난 글자가 바로 '시아버지 고' 자예요.

48. 달리다 자빠질 주

마구 달리다가 그만 중심을 잃어 엎어지고 있군요...

ㅎㅎ. 그러게 달릴 때는 조심해서 달려야죠

49. 꼬리 길면 잡힐 미

한 번 두 번 나쁜 짓을 하다보면 자기도 모르는 새 중독이 됩니다. 그러다 보면 결국은 들통나게 되죠. 그래서 꼬리가 길면 잡히게 된다는 말이 있는 거예요.

50. 반칙할 반

2002년 미국 솔트레이크시티 동계올림픽 쇼트트랙에서 일어난 편파판정에 대한 울분을 토로한 글자지요. '다툴 경競' 자를 이용하여 '오노'의 헐리웃 액션 모양과 다리 거는 모습을 표현했습니다.

51. 회전문 문

이 문은 회전을 하고 있군요.. ㅎㅎ. 예, 맞습니다. 회선문이네요.

52. 활화산 산

산의 가운데 분화구에서 용암이 솟구쳐 나오고 있네요.
활화산의 모양을 본뜬 글자예요.

53. 개고기 육

'개 견犬'과 '고기 육肉' 자가 합쳐져 개고기를 나타
낸 글자네요. 요즘 개고기에 대해서 말이 많은데...
여러분은 개고기 먹는 것에 대해 어떻게 생각하세
요?

54. 고무신 거꾸로 신을 녀

사랑하는 남자친구가 군대가 있는 동안에 여자가 다
른 남자친구를 사귀면 고무신 거꾸로 신는다고들 해
요. 여자(女)의 방향이 바뀌어 있죠.
마음이 바뀐 여자의 마음을 뜻하는 글자네요.

55. 다세대 주택 가

여러 사람들이 모여 사는 공동의 다세대 주택이 있죠.
예, 바로 다세대 주택을 뜻하는 글자입니다.

56. 절할 절

몸 기ㄹ자가 앞으로 기울어져 있죠. ㅎㅎ. 바로 어른
들한테 절하는 모습을 뜻하는 '절할 절' 자예요.

57. 날림공사 건

아파트나 다리, 건물을 건설할 때는 많은 사람들의
안전을 생각해서 튼튼하게 지어야 하는데 그렇지
못한 경우도 있어요. 대충 만들어서 위험한... 그런
상황을 나타내는 글자예요.

58. 조폭 조

칼(刀)을 들고 모인 무시무시한 모습이군요. 조폭 조
자예요. 폭력은 정말로 나쁜 범죄행위예요. 대화로
해결하지 않고 힘으로 해결하려 드는 것은 어리석
은 짓입니다.

59. 뚱뚱할 뚱

'클 거ㅌ' 자가 배가 너무 나왔군요. 꼭 아빠 배처
럼..ㅎㅎ. 뚱뚱한 모습을 나타낸 '뚱뚱할 뚱' 자예
요.

60. 턱 턱

'얼굴 면(面)' 자를 잘 보면 턱이 많이 나와 있죠. 예,
그래요. 턱을 나타낸 '턱 턱' 자예요.

61. 숏다리 숏

친한 친구사이라도 예의를 지키는 게 중요해요. 아무리
재미있는 말이라도 상대방에게 상처줄 수 있는 경우는
특히 신중해야 합니다.

62. 피곤해 드러누울 곤

너무 열심히 공부하거나 일해서 지쳐있을 때
피곤하죠. 그때는 이 글자처럼 드러누워
쉬세요. ^^

63. 구미호 호

예부터 내려오는 우리 전설에 꼬리가 아홉 달린
여우가 있대요. 재주를 부려서 인간을 위협하
는.. 한번 보고 싶네요.. 혹 구미호도 여우니까 동
물원 가면 볼 수 있을까요???

64. 신호등 등

항상 길 다닐 때는 차 조심해야 합니다. 특히 신호등은 꼭 지켜야겠죠. 이 글자는 빨강, 파랑 신호등을 나타내는 '신호등 등' 자네요.

65. 오작교에서 견우 직녀 만날 만

다들 알고 있죠? 칠월 칠석날에 사랑하는 견우 직녀 만나는... 이 날이 되면 까치와 까마귀는 무척 고생한다는데..

66. 낙하산 인사 낙

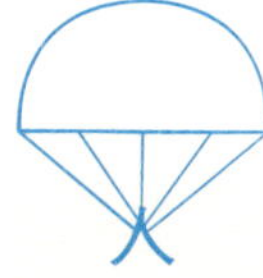

실력이 부족한데 갑자기 높은 지위에 앉게 되면 낙하산이라고 해서 주위로부터 많이 비난 받습니다. 실력이 있으면 누구도 손가락질 하지 않죠? 여러분도 하고자 하는 일에 최선을 다해 실력을 키워두세요. ^0^

67. 정원 초과 초

차에 너무 많은 사람이 탔군요. 너무 많은 사람이 타면 사고의 위험이 크답니다. 정원 초과한 모양을 본따 만든 '정원초과 초' 자네요.

68. 굴뚝 타는 산타 타

크리스마스 이브.. 우리 집 굴뚝으로 내려오시는 분이 있네요. 예, 바로 산타할아버지. 참 고마우신 분이죠.

69. 센터서클 중

'가운데 중中' 자에 원이 그려져 있네요. 어디서 많이 본.. 예, 맞아요. 축구장에 가면 볼 수 있는 센터서클이군요. ㅎㅎ

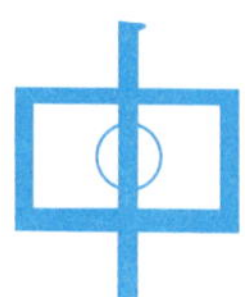

70. 메롱 메

친구들끼리 약올리며 장난칠 때 메롱하며 혓바닥을 내밀죠? 바로 그 메롱을 뜻하는 글자예요.

71. 바람둥이 둥

남자와 여자가 사귈 때는 상대에게 정성을 다해야죠. 그런데 한눈 파는 친구들이 있어요. 그러면 주위로부터 바람둥이라고 해서 놀림을 받게 됩니다. 잘 해야겠죠.

72. 여자생각 념

남자의 입장에서 볼 때 여자친구 생각날 때 쓸 수 있는 글자겠네요. 그럼 여자의 경우는 어떤 글자가 될까요? 여러분이 직접 그려 보세요.

73. 네 쌍둥이 쌍

'쌍둥이 쌍雙' 자가 모양이 바뀌었군요. 아시겠어요? 왜 네 쌍둥이라고 하는지 ^^

74. 걸인 걸

'빌 걸乞' 은 남한테 음식이나 돈을 구걸한다는 글자인데 앞에 깡통까지 놓여 있군요. '깡통찬 걸인 걸' 자네요. 우리 주위에는 도움을 필요로 하는 분들이 많아요. 힘이 닿는 한에서는 서로 관심을 갖고 사랑을 베푸는 것이 중요하답니다.

75. 헌혈할 혈

'나눌 분分' 과 '피 혈血' 자가 만나 이루어진 글자. 오호~! 의미심장 하군요~

76. 해 떨어질 단

'아침 단旦' 자가 있어요. 그런데 해(日)가 하늘에 올라 만물을 비추다가 시간이 흐르면 다시 내려오죠. 이것을 일몰이라고 하는데 해가 지는 모습을 그린 글자네요.

77. 어지러울 회

돌 회回. 그런데 너무 많이 돌아 눈이 빙빙 돌 정도군요. 어지러울 회. ㅎㅎ

78. 짐승 인간 수

이 세상에는 물론 좋은 사람들이 훨씬 많지만 나쁜 사람들도 있어요. 그런 사람들을 꾸짖는 글자네요.

79. 동승 동

스님은 스님인데 어린 스님. 이런 분들을 동승이라고 하죠. '아이 동童자' 가 '중 승僧' 자와 만나 이루어진 글자네요.

80. 붕어가수 붕/ 립싱크 싱

우리가 좋아하는 가수들 중에는 최선을 다하는 멋지고 실력있는 스타들도 많지만, 그 중에는 몇몇 실력도 없이 인기만을 얻으려고 눈치보는 가수들도 있죠. 그런 가수들을 나타내는 글자입니다.

81. 안테나 안

'향할 향向' 에 안테나가 꽂혀 있는 모양.. 그래서 '안테나 안' !

82. 등대 등

섬에서 빛나는 밝은 불빛. 바로 등대죠. 우리 아빠, 엄마는 우리 인생에서 등대 같은 분들이에요. 우리가 길을 잃지 않고 꿈을 이루어 갈 수 있도록 해주니까요...

83. 따귀 따

얼굴에 손자국이... 무엇을 뜻할까요? ㅎㅎ. '따귀 따' 가 되었군요...

84. 교회 교

우리 주변에는 교회가 참 많은데 마땅히 교회를 나타
낼 글자가 없었네요. 그래서 새로 '집 사舍' 자를 떠올
려 생겨난 '교회 교.'

85. 꼬장부릴 꼬

이 글자는 '술 주酒'와 '추할 추醜'가 합쳐진 글자네
요. 술 먹고 행패부리는 것을 꼬장부린다고도 하거
든요.

86. 외박할 박

'잘 숙宿'에서 안에 있어야 할 사람이 밖에 있군요. 그
래서 '외박할 박' ㅎㅎ.

연혁

2004

3/29   카페 《유머 게릴라》 (http://cafe.naver.com/ofbyfor) 생성
       - 1대 매니저 : 한메산
4/29   네이버 〈오늘의 카페〉에 선정
6/10   엽기한자 인기검색어 순위 1위
9/2   한메산 님, EBS 〈한영애의 문화 한 페이지〉 프로 출연
10/17 네이버 〈키워드로 찾은 카페〉에 선정

2005

1/28   네이버 〈눈에 띄는 카페〉에 선정
2/03   네이버 〈베스트카페〉에 선정

2006

4/01   네이버 〈카페 스토리〉에 선정
5/30일 현재 42,801명 회원

엮은이 : 오투, 김형준, 홍택상, 이지명, 이홍희

스탭

구미땅겨(sunsky2324) | 쩡짱(bubble3649) | 진주공주(jinjoou) | 개미(pete가93) |
헌터킬러(chl4501) | 위치(gkstjrasdf) | 나비효과(gkstmdwn789)

감사 멤버

하늘아래(always_sumi) | 나야나(ayloveno) | 냉군(bloodredglow) | 상상본드(csm02077) |
얼음공주(dkfkd553) | 아이스통(dorozy77) | 뺀쪽(hoonk11) | 김진배(humor119) |

알리샤(kimhs424) | 육학년(kgolvin) | kamggike | 향화아(luvghost) | 곰뚜루(kinder8) |
민세류(opqys) | 쿠악(ris729) | 유즈(mkasd1004) | psw525 | 봉(pinokio0111) |
보아짱(yeskim83) | 파이(xzmas) | 한결이(sktcloud)

최고 멤버

꿈(robinia007)

우수 멤버

alpstiger0
류자키(sasuka12)

열성 멤버

22258188 | 홍익시민(absv68) | algi1212 | 글쎄다(apuzzang) | bbst15 프랑스와(canardkim) |
환타지(dbxodud132) | 운수대통(detong47) | 쿠미경(djs02030) | 아이보리(dkvhffhs0001) |
피자헉(dlengus9632) | 비타민(erickkim123) | 가브리엘(gabyul94) | 꼬리(ghsek1012) |
단풍잎(gkdhwl77) | 동지니(kadoji) | 마르코(kavin0498) | 드래곤(kyb750224) | 햐햐(zoseldy) |
보나(love486sbn) | 아시타(nanatr) | 빅풋(powergomu) | 갓에넬(pqhgkd) | 원신령(qkdnf2515) |
세이쥬로(rave143) | 하얀돼지(seobj1) | 태양빛(ssmt12) | 곰팅이(sw_3050) | 푸붓(tayony) |
tjdydqh | 하니바람(tkdtjr9425) | 운명(who43) | 제이슨(whstmwnsgh) | 호루라기(wp02169) |
메이드상(yaejin95)

도움 주신 분들〈ㄱㄴㄷ순, 존칭 생략〉

강수진, 고준기, 김건옥, 김경옥, 김경일, 김기범, 김기철, 김기태, 김남균, 김미경, 김범진, 김석규,
김석기, 김석주, 김영기, 김용구, 김용자, 김용재, 김용희, 김진배, 김진선, 김진희, 노승덕, 박소연,
박지선, 박지연, 박형근, 손봉상, 송흥규, 원영호, 윤다혜, 윤덕원, 이경희, 이네스수녀, 이윤희, 이창
준, 이현용, 인재성, 인진주, 전성오, 정진우, 정화자, 조해문, 천은아, 최병현, 최선진, 최인창, 최철,
하승덕, 홍석민, 홍유희, 홍정은, 홍주은, 황경림, 황경순, 황경옥, 황광연, 황금선, 황두연, 황선화,
황영자(리디아), 황윤순, 황은선, 황은영, 황인구, 황인성, 황인원, 황인준, 황인호, 황인환, 황창연, 이
야기맨님을 비롯한 네이버 커뮤니티 담당자 여러분.